A VIDA É TUDO O QUE VOCÊ FAZ COM ELA

CARO LEITOR,

Queremos saber sua opinião sobre nossos livros.
Após a leitura, curta-nos no facebook.com/editoragentebr,
siga-nos no Twitter @EditoraGente e
no Instagram @editoragente e visite-nos no
site www.editoragente.com.br.
Cadastre-se e contribua com sugestões, críticas ou elogios.

Boa leitura!

PEDRO JANOT

Um dos maiores nomes do ramo empresarial brasileiro, membro fundador da Azul Linhas Aéreas e primeiro presidente da companhia

A VIDA É TUDO O QUE VOCÊ FAZ COM ELA

PLANEJE SUA CARREIRA, APRENDA, OUSE E DESAFIE O *STATU QUO*

Diretora
Rosely Boschini

Gerente Editorial
Rosângela de Araujo Pinheiro Barbosa

Assistente Editorial
Rafaella Carrilho

Controle de Produção
Fábio Esteves

Preparação
Fernanda Guerriero Antunes

Capa
Renata Zucchini

Projeto Gráfico e Diagramação
Vivian Oliveira

Revisão
R. Ritto e Carolina Forin

Impressão
Rettec

Copyright © 2021 by Pedro Janot
Todos os direitos desta edição
são reservados à Editora Gente.
Rua Original, 141/143 – Sumarezinho
São Paulo, SP– CEP 05435-050
Telefone: (11) 3670-2500
Site: www.editoragente.com.br
E-mail: gente@editoragente.com.br

Dados Internacionais de Catalogação na Publicação (CIP)
Angélica Ilacqua CRB-8/7057

Janot, Pedro
  A vida é tudo o que você faz com ela: planeje sua carreira, aprenda, ouse e desafie o *statu quo* / Pedro Janot. -- São Paulo: Editora Gente, 2021.
  192 p.

  ISBN 978-65-5544-062-1

  1. Carreira profissional - Desenvolvimento I. Título

20-4282   CDD 650.14

Índice para catálogo sistemático
1. Desenvolvimento profissional

NOTA DA PUBLISHER

Pedro Janot é mais do que um profissional de sucesso – é uma pessoa inspiradora. Genial nos negócios, esteve à frente de grandes marcas, como Mesbla, Richards, Zara, Lojas Americanas e Azul Linhas Aéreas (companhia da qual é membro fundador e foi o primeiro presidente). Nesse percurso, sempre teve o cliente como foco, como grande preocupação. Isso nos revela um pouco sobre sua personalidade: Pedro gosta de gente!

Essa característica é essencial para uma trajetória bem-sucedida e indispensável para aqueles que desejam ser fonte de inspiração para outros. Aqui, em *A vida é tudo o que você faz com ela*, Pedro mostra para quem está começando a carreira a realidade sobre o percurso. Nem sempre é possível alinhar seus propósitos aos da empresa em que deseja trabalhar ou mesmo trabalhar na organização com a qual sonha. E está tudo bem! Cada etapa da vida é um aprendizado e uma oportunidade de crescer.

Leitura obrigatória para mostrar que ingressar no mercado de trabalho ou no mundo do empreendedorismo não é sinônimo de desistir dos sonhos.

Rosely Boschini
CEO e publisher da Editora Gente

*Dedico este livro à aventura de viver e liderar.
Tentei escoar a minha sede de dividir o meu conhecimento,
sob a ótica pessoal e profissional, de como encarar
a caminhada para o desconhecido.*

SUMÁRIO

APRESENTAÇÃO.
O REAL DA VIDA É O QUE VOCÊ FAZ DOS SEUS SONHOS 12

CAPÍTULO 01.
É PRECISO PENSAR O MUNDO, A VIDA E O TRABALHO COM A CABEÇA NO PRESENTE E A ALMA NO FUTURO 22

    CREDENCIAIS: JÁ FAZ ALGUM TEMPO QUE ESTOU POR AQUI; CONHEÇO BEM ESTE LUGAR 28
    O (*MEU*) MUNDO EM MINHAS MÃOS 34
    É PRECISO MUDAR E FAZER PARTE DA MUDANÇA 40

CAPÍTULO 02.
A CULPA NÃO É SUA... MAS VOCÊ AINDA ESTÁ NO JOGO? 46

    NÃO CORRER RISCOS POR MEDO DE SE LANÇAR 58
    APRENDA A LIDAR COM FRUSTRAÇÕES 62
    A VIDA É MUITO MAIS SIMPLES DO QUE OS JOVENS ESTÃO VENDO 68
    RECONHEÇA E ASSUMA A SUA CARACTERÍSTICA PRINCIPAL E APRENDA A USÁ-LA A SEU FAVOR 70

CAPÍTULO 03.

A REALIDADE É O SEU GRANDE PALCO 78

AS REFERÊNCIAS ATÉ PODEM SER EXTERNAS, MAS O QUE CONTA É O *LOCAL*,
O LUGAR ONDE VOCÊ APLICA O QUE SABE 79
TER UM PROPÓSITO OU ATENDER A UMA NECESSIDADE?
RESPONDA SE FOR CAPAZ 82
OS PERIGOS DA ENCRUZILHADA 94
MONITORE O AMBIENTE COM INSTRUMENTOS 98
USE AGORA O MÉTODO SWOT 99
INTELIGÊNCIA EMOCIONAL 104
O ESPELHO É SÓ SEU 107

CAPÍTULO 04.

SE JOGA NA VIDA 108

NETWORKING: A CONSTRUÇÃO DE REDES VIVAS, COM PESSOAS
E SITUAÇÕES REAIS 111
SE TUDO O QUE VOCÊ QUER É UMA BICICLETA, UM PORSCHE
NÃO VAI LHE DAR PRAZER 113
A VIDA É UMA GRANDE EXPERIÊNCIA. ENTÃO, EXPERIMENTE-A 119
AO CAMINHANTE NÃO EXISTE CAMINHO 126
SONHAR FAZ A DIFERENÇA 130

CAPÍTULO 05.

DÊ O PRÓXIMO PASSO AGORA 132

UM ERRO ESTRATÉGICO... ACONTECE... 137
QUEM É QUE SABE O QUE VOCÊ ESTÁ FAZENDO HOJE? 141
ONDE ESTOU E AONDE VOU – LIGANDO OS PONTOS 147

CAPÍTULO 06.

NÃO DESISTA NUNCA. SUA MISSÃO
É CONTINUAR 160

O PROPÓSITO TAMBÉM INFLUI NA SUA INTUIÇÃO 164
O MÉTODO: VALORES, COMO TIRÁ-LOS DO PAPEL, RITOS E CULTURA 171

UMA NOVA STARTUP, AGORA CHAMADA PEDRO JANOT 175
OS FRUTOS COMEÇARAM A APARECER 182
O QUE ESTÁ MUDANDO COM A COVID-19? 185
POR FIM, MAS NÃO MENOS IMPORTANTE: SIGA EM FRENTE 190

APRESENTAÇÃO

**O REAL
DA VIDA É
O QUE VOCÊ
FAZ DOS
SEUS SONHOS**

Um sonho é mais que uma meta. É algo muito próximo de uma marca pessoal, em que você se coloca, se expressa, e por isso precisa realizar.

Sonhos têm a ver com futuro. É sobre isso que quero falar neste livro. O que me inspira a fazê-lo é o jeito como tenho visto o mundo e, sobretudo, a forma como os jovens, hoje em dia, têm reagido às demandas e aos desafios.

Quando falo de futuro, me refiro ao país que estamos construindo, às dificuldades, às oportunidades perdidas e, principalmente, ao jeito meio estabanado com o qual muitos jovens estão lidando com isso. Quero abordar esse assunto, porque de muitas maneiras me vejo refletido nessa juventude. Sei como é se sentir confuso ou tomado por uma enorme pressão e ter de decidir sem saber exatamente o que se quer ou o que se está buscando – num futuro desconhecido. São inquietações típicas de uma geração, e eu também as tive (claro que numa época em que a velocidade das coisas era outra, bem diferente da correria e alucinação dos dias atuais). Apesar disso e dessas mudanças, em seus aspectos mais primitivos, os jovens e os sentimentos são os mesmos, tanto quanto a necessidade de certezas, de uma bússola e de um caminho mais ou menos seguro a seguir.

Será que é possível conseguir isso?

Acredito que sim. É possível encontrar alguns caminhos. Mas isso é o que estou dizendo hoje, aos 61 anos, depois de empreender e liderar algumas empresas bem-sucedidas no país. É claro que é mais fácil dizer isso agora, porém gostaria muito que alguém tivesse me orientado e me mostrado isso lá atrás, quando eu mesmo era um jovem em busca desse caminho, procurando certezas, quando estava cheio de dúvidas.

Isso não mudou. A geração atual continua nessa mesma toada. Muitos têm dificuldades em encarar frustrações, vivem em um mundo de imediatismos pulverizado, frenético, que exige respostas rápidas e precisas. Um mundo de coisas instantâneas e descartáveis, com o qual um contingente de jovens talentosos não sabe bem como lidar ou o que fazer; ou pior, acabam fazendo *qualquer* coisa para tentar encontrar alguma resposta.

Não espanta que, na primeira dificuldade, diante do primeiro *não*, eles se melindrem, joguem tudo para o alto ou mudem de direção — indo para *qualquer* lugar.

Esse é um caminho difícil.

Todo esse descompasso provoca em mim um sentimento de angústia. Sei da capacidade e do potencial desses caras. Tanto quanto percebo o tempo que muitos estão perdendo por não encontrarem as oportunidades que lhes permitiriam dar um salto em suas vidas, em suas carreiras, em seus primeiros empreendimentos. Quando vejo isso, minha vontade é falar o que aconteceu comigo, contar um pouco de minha experiência, de minhas frustrações, de minhas crenças, e de como fui encontrar minhas respostas.

Faz pouco tempo, por conta do acidente sobre o qual vou falar mais à frente, eu tive muitos momentos difíceis, depressivos, em que (re)visitei toda a minha história, como se estivesse desembrulhando episódios, olhando as relações de causa e efeito, quais caminhos acertei, os que errei, se faltou ambição em certos pontos ou um guru para me ajudar a mudar as coisas. Foi esse balanço que me auxiliou a encontrar a medida do que quero narrar neste livro, as coisas que valem a pena mostrar.

O ponto negativo — e que, de certa forma, olhando hoje, foi bom também — é que tive de me virar sozinho para descobrir aquilo que chamam de *caminho das pedras*. Para começar, como qualquer jovem hoje em dia, eu tive muitas dúvidas e uma capacidade incrível de transformá-las em grandes certezas. Você provavelmente conhece algum colega seu que já passou por isso. Jovens nunca têm dúvidas, só

APRESENTAÇÃO

certezas! Pelo menos é assim que eles encaram ou transformam suas inquietações e angústias. E não é para menos. Não basta que isso seja um traço da juventude, eles ainda recebem, hoje, uma carga absurda de informações. Acabam, de certa forma, sabendo mesmo de tudo. Conhecem os mercados, sabem das maravilhas que as redes 5G vão trazer, conseguem explicar o propósito dos algoritmos do Google e, no entanto, ficam muitas vezes perdidos, sem saber o que fazer ou para onde ir quando têm de dar um rumo a suas carreiras ou negócios – ou, o que pode ser um pouco mais complicado: acham que estão absolutamente certos, convictos de suas escolhas, mesmo que elas não reflitam o que eles de fato querem.

Muitos estão com quase 30 anos, moram na casa dos pais e não têm coragem de dar o próximo passo para mudar suas vidas.

Como podem estar tão certos assim?

Penso que, se eu tivesse tido em minhas mãos um livro como este que você vai ler agora na minha juventude, ele teria me ajudado muito. Se tivesse sido orientado por alguém que pudesse pelo menos mostrar alguns exemplos do que deu certo e do que não deu certo em sua vida, sem dúvida teria sido melhor. Eu poderia ter experimentado outros caminhos, certamente evitado alguns que tive de percorrer na marra, por falta de conhecimento. Enfim, se tivesse tido uma oportunidade dessas, acho que teria ido um pouco mais longe – ou pelo menos feito mais coisas num tempo menor.

Ter um livro ou alguém dizendo o que vai ou não funcionar não é garantia de que tudo dará certo. Informação e conhecimento são importantes para que você descubra novos mundos. Dar certo ou dar errado, porém, são circunstâncias do processo, são momentos pelos quais todos temos de passar. Aliás, em muitas ocasiões, para que algo dê certo, é preciso que muitas coisas deem errado, que você experimente, descubra um novo percurso aqui ou ali, sem saber exatamente o que vai acontecer. E até descobrir, você precisa tentar, e isso talvez dê errado, mas uma hora as coisas acontecem e dão certo. Este é o momento em que você se encontra.

Se você tem o conhecimento do que já foi feito, dos trajetos que já foram percorridos, do que funciona ou sob que circunstâncias determi-

"ALIÁS, EM MUITAS OCASIÕES, PARA QUE ALGO DÊ CERTO, É PRECISO QUE MUITAS COISAS DEEM ERRADO, QUE VOCÊ EXPERIMENTE, DESCUBRA UM NOVO PERCURSO AQUI OU ALI, SEM SABER EXATAMENTE O QUE VAI ACONTECER."

nados caminhos são viáveis, no mínimo ganha tempo. E pode experimentar novas práticas, conhecer diferentes cenários, avaliar ou testar seus conhecimentos em ambientes mais desafiadores, reorientar todas as suas rotas.

Quando comecei meus primeiros microempreendimentos, essa era uma das angústias que eu tinha. A vontade de fazer e acertar misturava-se com a ansiedade, com o desconhecido, com as questões da vida, com a enorme vontade que tinha de ser independente e de sair da casa do meu pai. Quando se é jovem, queremos tudo, e tudo parece novidade.

O detalhe é que isso só é novidade para quem é jovem.

Muitas daquelas situações, apesar de novas para mim, certamente já haviam sido exploradas por pessoas mais experientes, com mais conhecimento e visão. Se tivesse tido algum contato desse tipo, é claro que isso me beneficiaria.

Em muitos sentidos, é exatamente essa a minha proposta aqui. Eu vivi e experimentei os mais diferentes cenários e ambientes, tive de me adaptar, ser flexível, rever conceitos, aprender, desaprender e desenvolver novas técnicas, buscando sempre me aprimorar. O que trago de diferente é que não passei incólume por todos esses processos; eles me transformaram. Acho que, por instinto, sempre fui um atento observador não só das coisas que aconteciam, mas dos *motivos pelos quais* elas aconteciam daquele determinado jeito. Costumo dizer que esse é o meu olhar de tigre caçando na selva. Você precisa aprender a ter também esse olhar, que é uma espécie de faro visual. É claro que isso não significa que você vai ter respostas para todas as perguntas – até porque ninguém as tem –, mas já lhe disse que o simples fato de perguntar é suficiente para levantar ideias e alternativas. Questionar nos tira da zona de conforto, nos leva a buscar, se não uma resposta, ao menos um mínimo de compreensão das coisas, da vida, do *porquê* de estarmos fazendo o que fazemos.

Não vou apresentar fórmulas, itinerários, caminhos exatos nem precisos para levar você, caro jovem leitor, ao sucesso. Seria muito leviano de minha parte dizer isso. Cada um constrói o próprio caminho. O que pretendo fazer é sinalizar a estrada, como aquelas placas de trânsito que nos dizem: "atenção: curva perigosa", "trecho com mão dupla", "sob neblina, use luz baixa" etc. Quando a estrada está bem sinalizada, o seu caminho se torna mais seguro, você confia na direção que está tomando e, claro, vai muito mais longe.

Talvez você chegue a algum lugar mais interessante do que este em que se encontra hoje.

Um outro ponto relacionado ao que falo aqui, e sobre o qual darei detalhes mais à frente, tem a ver com as fontes que escolhemos na vida e das quais tiramos lições, conselhos, dicas, alguma orientação para o futuro. Essas fontes estão em toda parte, mas por uma questão de status, credencial ou poder, tendemos a ouvir apenas algumas, superestimando sua visão em detrimento de outras. Vou dar um exemplo: se o Bill Gates, fundador da Microsoft, disser que no ano de 2035 não mais existirão países pobres (ele chegou de fato a fazer essa previsão numa carta da Fundação Bill e Melinda Gates)[1], as pessoas param e começam a fazer cálculos, sem sequer se perguntarem o que está por trás de uma declaração dessas, se faz sentido ou não. Acho que ninguém tem como dizer se isso vai se realizar ou não. Mas não é esse o meu ponto. O Bill Gates pode dizer o que quiser, e é sempre bom ouvi-lo, claro. O meu ponto é: por que só ele? Ou por que só pessoas como ele?

Chama atenção o fato de declarações desse tipo acionarem o chamado "efeito manada", que ocorre quando pessoas passam cegamente a fazer ou a seguir qualquer coisa que ouvem ou veem, sem ao menos se preocuparem se faz ou não sentido.

É curioso isso. Pessoas, de modo geral, e os jovens em particular, vivem procurando gurus – e precisamos mesmo deles. Mas o que são esses gurus? São indivíduos com sabedoria, com um conhecimento que pode fazer diferença em nossa vida. Só que muitos acreditam que esse conhecimento, para ser verdadeiro, tem de estar atrelado a uma personalidade – ou, no mundo de hoje, como o vemos, a uma celebridade empresarial, um visionário, um superempreendedor.

Esquece-se que às vezes o porteiro do seu prédio ou o dono de uma banca de jornal ou mesmo o motorista que presta serviços numa

---

[1] GATES, B.; GATES, M. Annual Letter 2014. **Bill & Melinda Gates Foundation**, jan. 2014. Disponível em: https://www.gatesfoundation.org/es/Who-We-Are/Resources-and-Media/Annual-Letters-List/Annual-Letter-2014. Acesso em: 29 out. 2020.

plataforma como a Uber podem dar uma dica valiosa, mostrar um pensamento totalmente inesperado e que pode mudar o seu jeito de ver a vida. Essa sabedoria (por meio dessas fontes) está em toda parte, basta procurar. Ela não está ligada à ciência, ao poder econômico, a questões políticas, nada disso. Tem a ver com algo mais simples, para o que muitos acabam não dando muita bola: se dispor e aprender a ouvir. As pessoas falam o tempo todo. Aprender a ouvir é selecionar, é perceber o que faz sentido no meio do discurso. Escolha os seus gurus. Eles podem estar do seu lado. Pode ser seu pai, pode ser um amigo, pode ser o sujeito que bate à sua porta para perguntar se você tem alguma coisa velha para entregar a ele – se você tiver, ele vai fazer negócio com aquilo. Alguém assim tem uma visão de mundo completamente diferente da sua, com quem – não tenho dúvidas – você pode aprender algumas coisas valiosas.

O que pretendo trazer são experiências como essas, vividas por alguém que teve de descobrir praticamente tudo sozinho. Fiz coisas das quais me orgulho muito, mas também tive percalços, enfrentei desafios, corrigi rotas, questionei, inclusive, alguns dos meus sonhos.

Talvez você me pergunte: "Se você fez tudo sozinho, por que eu não posso fazer também?".

É claro que você pode! Só que é bem mais difícil. E não apenas isso, muitos desistem diante das dificuldades. O mundo em que vivemos, infelizmente, é bem complicado, cria em todos nós falsos desejos que se transformam numa febre de consumo – e que acabam nos afligindo, fazendo que a gente se perca ou desista dos nossos sonhos. Poucos são os que acreditam e que vão até o fim. Se você tiver uma chance de melhorar sua percepção do mundo, de modo que possa escolher melhor e com mais critério o que está buscando, tenho certeza de que vai se realizar.

É claro que não posso garantir isso. Mas posso dizer que você terá referências mais confiáveis, sendo capaz de construir uma estratégia mais eficaz se souber compreender o lugar em que está e aonde quer chegar. Todos querem ter sucesso, mas poucos compreendem que o sucesso é um alvo móvel e muito relativo. Isso tem a ver com escolhas: você quer uma vida de acesso ou de propriedade? A vida é mais simples do que parece. A simplicidade começa como resultado de sua capacidade de se deter diante do consumo. O consumo, o desejo de consumir, é o que complica a vida e cria ilusões, como se todos fôssemos iguais, com os mesmos desejos e necessidades.

Gosto da imagem que diz que a vida não é um elevador uniforme para todos os que estão em diferentes realidades socioeconômicas. Até porque não existe apenas um elevador, mas vários, e cada qual vai levar você a um determinado andar, que, espero, deve ser algo muito próximo de onde você quer chegar na vida, na carreira ou no seu empreendimento.

Tudo o que tem a fazer é apertar o botão do andar ao qual quer chegar.

Será que você já sabe aonde quer ir?

Boa leitura!

"SE VOCÊ TIVER UMA CHANCE DE MELHORAR SUA PERCEPÇÃO DO MUNDO, DE MODO QUE POSSA ESCOLHER MELHOR E COM MAIS CRITÉRIO O QUE ESTÁ BUSCANDO, TENHO CERTEZA DE QUE VAI SE REALIZAR."

CAPÍTULO 01

É PRECISO PENSAR O MUNDO, A VIDA E O TRABALHO COM A CABEÇA NO PRESENTE E A ALMA NO FUTURO

Poucas vezes tivemos, na história recente do planeta, um momento tão turbulento e cheio de incertezas como o que vivemos hoje. Não faz muito tempo, nossas preocupações, no Brasil, se concentravam em taxas de crescimento, reformas estruturais, aceleração do desenvolvimento de vários setores da sociedade, ampliação das redes de saneamento e educação, entre outras. Vivíamos um processo de expansão, buscando resolver problemas pontuais, mas íamos, inegavelmente, numa direção clara de desenvolvimento econômico e social – seguindo os rumos que o mundo pautava.

De repente, tudo mudou. É inevitável mencionar a razão disso: a covid-19. Em poucos meses, nossa vida virou de cabeça para baixo. Isolamento social, máscaras, contradições políticas, empresas sem saber direito o que fazer para se posicionar; enfim, nada é claro e muito menos fácil.

É nesse cenário que escrevo este livro. Minha ideia era falar com os jovens ou com pessoas que estão começando a pensar suas trajetórias na vida e no mercado. Continuo com esse mesmo objetivo, até porque as incertezas permanecem. Se você não tinha muita ideia do que fazer da vida antes da pandemia, tenho certeza de que agora isso não mudou muito – com a diferença de que hoje quase ninguém mais sabe. Dependendo da forma como você encara essa situação, isso pode ser tanto bom quanto ruim: as incertezas permanecem; e, se você não sabe aonde quer chegar (isto é uma notícia ruim), qualquer lugar pode, aparentemente, ser bom. Por outro lado (e aqui vai a boa notícia), se muitos não têm clareza do que fazer, quem conseguir encontrar uma brecha nesse emaranhado de incertezas pode ter alguma vantagem em suas escolhas. É nesse incerto e novo cenário que o que eu tenho a dizer ganhará mais relevância.

Vamos ver.

Muitos jovens com os quais converso dizem que, quando estão em busca de alguma oportunidade de trabalho, valorizam mais os benefícios que proporcionam a eles qualidade de vida do que salário.[2] Se puderem aliar a isso a possibilidade de uma carreira meteórica, que os leve direto ao topo em pouco tempo, será muito melhor. O que me faz refletir: *Será que uma carreira meteórica e mais benefícios são aspectos mais atraentes que a possibilidade de se realizarem como profissionais?* Sim, tenho a impressão de que acreditam que uma carreira meteórica e um bom pacote de benefícios talvez sejam o suficiente para seduzi-los, mesmo que eventualmente estejam fazendo coisas com as quais não tenham nenhuma afinidade ou que lhes falte vocação para exercê-las.

Será que faz sentido?

É difícil dizer que não faz sentido, especialmente quando você não tem outras opções. Mas o fato é que, infelizmente, não faz sentido realizar um trabalho que não tenha a ver com um propósito ou com algo que você, minimamente, identifique como uma vocação. Sei que nessa fase, no início da juventude, isso ainda não é claro – e vamos aprofundar esses pontos logo mais. Mas vale, neste momento, como reflexão: você já pensou sobre o que é propósito e o que faz sentido nas coisas que você vive e com as quais trabalha?

De modo geral, percebo que esses jovens, e talvez você se inclua entre eles, querem conseguir o mais rápido possível um lugar "para chamar de seu", algo que os motive e que os faça levantar pela manhã com garra e disposição. Ora, diante disso, se você encontrar uma empresa bacana que lhe ofereça a possibilidade de uma carreira meteórica e bom pacote de benefícios, por que deveria declinar?

Sim, isso não faz sentido. O problema é que essa conta só vem em médio e longo prazo. Se você cede, acreditando que está fazendo

---

[2] ABRANTES, T. Os sonhos de carreira da Geração Y em 23 países. **Exame**, 19 maio 2014. Disponível em: https://exame.com/carreira/os-sonhos-de-carreira-da-geracao-y--em-23-paises/. Acesso em: 24 out. 2020.

o grande negócio da sua vida, cuidado. É preocupante ver jovens procurando emprego com foco nesses aspectos e não naquilo que querem fazer na vida. Quando isso acontece, quando são os benefícios ou as vantagens que vão decidir o lugar onde esses jovens vão trabalhar, então se forma em mim a convicção de que alguma coisa está fora do lugar. Afinal, o que exatamente você faz quando deixa de lado o seu propósito ou o que mais quer fazer da vida?

Se você parar para pensar, vai ver que buscas como essas não fazem o menor sentido. Se quer alcançar um determinado destino (uma viagem, uma formação específica, realizar algum empreendimento), é claro que o mais relevante não é o caminho ou as condições desse caminho. Claro que, na medida do possível, você tentará buscar sempre as melhores condições; entretanto, o que vai contar e fazer toda a diferença não é isso, mas o destino que você quer atingir. Se você, por exemplo, quer ir para a Grécia (e digamos que isso é tudo o que você quer e de que precisa no momento), por que pegaria um confortável transatlântico, que levaria três meses para chegar lá, quando há um voo disponível que faz o percurso em pouco mais de um dia de viagem, ainda que em classe econômica e com algumas conexões?

Apesar da obviedade dessa imagem, grande parte dos jovens tem visto o mundo do trabalho assim, e muitos se imaginam numa espécie de corrida em busca do ouro, transformando o sonho de uma carreira meteórica, benefícios e vantagens nas principais razões dessa busca.

É claro que isso é uma tremenda distorção. E a prova é que, mesmo quando essas "minas de ouro" são encontradas, isso não diminui a frustração que muitos deles sentem. De acordo com um estudo do "Projeto 30", de 2016, 64% dos jovens brasileiros (faixa etária de 30 anos) sentem-se frustrados com o que estão obtendo no trabalho e na vida pessoal.[3] De acordo com o coordenador desse estudo, isso não ocorre apenas por conta da crise econômica, mas tem a ver com o jeito como esses jovens pensam e vivem a vida e o trabalho. Aliás, o mesmo

---

3 64% DOS JOVENS estão frustrados com trabalho e vida pessoal. **Rádios EBC**, 18 out. 2016. Disponível em: http://radios.ebc.com.br/cotidiano/edicao/2016-10/projeto-revela-que-64%25-dos-jovens-estao%20frustrados-com-trabalho-e-vida-pessoal. Acesso em: 24 out. 2020.

estudo aponta que 52% desses jovens "estão na profissão e na empresa errada".[4]

Um dos objetivos deste livro é trazer uma visão mais clara do que acontece hoje em nossa realidade. Por exemplo, fala-se muito sobre tecnologia, vida digital, avanços da ciência, mas o fato que só alguns percebem é que apenas pouco mais da metade da população mundial tem acesso à internet. Logo, parte significativa fica à margem dos chamados "discursos do futuro". De acordo com um relatório da União Internacional de Telecomunicações (UIT), agência especializada da ONU, divulgado no fim de 2018, cerca de 3,9 bilhões de pessoas, o equivalente a 51,2% da população mundial, tinham acesso à rede nesse período[5] (apesar de, nas economias mais ricas, esse dado estar próximo da saturação, nos países mais pobres do mundo, quase 90% dos indivíduos ainda não têm acesso à internet[6]). E não é só isso: considerando os que têm celular, ou pelo menos acesso a algum tipo de rede digital, provavelmente apenas uma pequena parcela tem consciência de como usar os recursos da tecnologia a seu favor, conforme seus interesses e necessidades. A maioria das pessoas com acesso às redes não compreende bem como tudo isso funciona, apesar de estarmos vivendo uma revolução, reformulando conceitos de acesso, abrangência e velocidade num mundo de dados e troca de informação e conhecimento aparentemente sem fim. Além disso, esse mesmo ambiente da tecnologia é cheio de ameaças (como as ligadas às mudanças climáticas e à democracia) e riscos de guerras, com mísseis nucleares com alto poder de destruição, além do terrorismo. Muita gente se perde no meio

---

[4] MUNDO CORPORATIVO – Nova Geração entrevista Denis Giacometti. 2016. Vídeo (32min22s). Publicado pelo canal Rádio CBN. Disponível em: https://www.youtube.com/watch?v=Ve71eiRixpI. Acesso em: 24 out. 2020.

[5] MAIS DA METADE da população mundial está conectada à internet, diz ONU. **Agência Brasil**, 7 dez. 2018. Disponível em: https://agenciabrasil.ebc.com.br/internacional/noticia/2018-12/mais-da-metade-da-populacao-mundial-esta-conectada-internet-diz-onu. Acesso em: 24 out. 2020.

[6] MAIS DA METADE da população mundial não tem acesso à internet. **O Globo**, 21 set. 2015. Disponível em: https://oglobo.globo.com/economia/mais-da-metade-da-populacao-mundial-nao-tem-acesso-internet-diz-relatorio-da-onu-17557878. Acesso em: 24 out. 2020.

disso tudo, sem entender o que se passa, deixando de fazer coisas importantes – no sentido de não participar de maneira ativa e integral dessas transformações da sociedade.

Chega a ser assustador imaginar que algo próximo à metade da população mundial não tem acesso à internet. Não é só uma questão de navegar ou não pelas páginas do Google ou de ter um perfil no Facebook. Significa ficar à margem das grandes transformações que vêm ocorrendo no planeta, tornando cada vez mais nítida a percepção do que é passado e do que é futuro. Para você ter ideia, pelo menos dez aplicativos mudaram radicalmente nossa vida no planeta. Com algumas variações, é inegável o impacto de plataformas como Uber, Netflix, iFood, Spotify, Tinder, Twitter, Waze, WhatsApp, Kindle e Skype. Isso sem mencionar a própria internet, que se desenvolve há mais de cinquenta anos e que, com a inserção das redes 5G – já ativas em vários países –, transformará em realidade o que não faz muito tempo era apenas uma romântica ficção: a chamada "internet das coisas", que promete interconectar digitalmente uma infinidade de objetos e pessoas nos mais variados espaços (casa, trabalho, escola, áreas públicas etc.). Por conta disso, em cada um desses aplicativos e meios de transmissão de dados é possível encontrar nitidamente *um jeito de viver antes* e *um jeito de viver depois*. Mudamos a forma como nos relacionamos com coisas e entre pessoas. Estamos num franco processo de construção de uma nova sociedade. Com o seguinte detalhe: nunca mudamos tão rapidamente como nos dias de hoje. A Revolução Industrial, por exemplo, levou cento e vinte anos para nos trazer onde estamos; e, daqui para a frente, as grandes mudanças são para ciclos de dez anos ou menos.

É algo espantoso, traz medo, dúvidas, incertezas. Muita gente se perde no caminho, e é fácil confundir seus papéis (quando, por exemplo, deixam de lado suas inclinações e assumem funções ou tarefas que nada têm a ver com o que são ou querem fazer). Talvez por não conseguir acompanhar todas essas transformações, muitos acabam abrindo mão de viver a própria vida, deixando de lado seus desejos e vocação, empenhando sua trajetória às definições do mercado, dos avanços da tecnologia ou, em última análise, buscando benefícios e vantagens aparentes e imediatos. Se você tem dúvida ou não está muito certo sobre o que fazer, tanto o mercado como as tecnologias hoje disponíveis vão lhe arranjar um lugar no qual atuar.

Tem quem ache isso comum ou normal. Mas, no meu ponto de vista, é uma catástrofe na vida da juventude.

Apesar dessa constatação, tenho uma boa notícia a dar: é possível fazer alguma coisa diferente, mudar de rumo. Essa é a proposta deste livro: dar um chão para você, mostrar que, apesar de todas essas transformações e dificuldades, é possível trilhar um caminho que faça mais sentido em sua vida e que o ajude a encontrar um propósito mais adequado às suas aspirações.

Mas, antes, conte aqui por que você está lendo este livro. O que acha que vai mudar em sua vida depois desta leitura?

_____
_____
_____
_____
_____
_____
_____
_____

CREDENCIAIS: JÁ FAZ ALGUM TEMPO QUE ESTOU POR AQUI; CONHEÇO BEM ESTE LUGAR

Qual é o meu ponto de vista e por que acho que posso ajudar você?

É claro que sou muito mais do que aquilo que as pessoas conhecem ou ouvem falar. Isso, de certa forma, é um processo natural. A questão

"ESSA É A PROPOSTA DESTE LIVRO: DAR UM CHÃO PARA VOCÊ, MOSTRAR QUE, APESAR DE TODAS ESSAS TRANSFORMAÇÕES E DIFICULDADES, É POSSÍVEL TRILHAR UM CAMINHO QUE FAÇA MAIS SENTIDO EM SUA VIDA E QUE O AJUDE A ENCONTRAR UM PROPÓSITO MAIS ADEQUADO ÀS SUAS ASPIRAÇÕES."

é que, quando você se propõe a falar ou a mostrar um pouco sua visão das coisas, é quase inevitável a pergunta: mas quem é que está falando isso? Minha resposta é muito simples, verdadeira e está absolutamente ligada ao que eu digo aqui. Eu comecei a empreender aos 14 anos. Perdi minha mãe aos 10 anos e tive de cuidar dos meus irmãos dentro e fora de casa, porque meu pai, por conta da situação como viúvo, não conseguia nos dar a atenção de que precisávamos. Ele me encarregou de cuidar dos meus dois irmãos mais novos, e isso foi assim até os meus 17 anos, quando me desliguei dos meus irmãos e do meu pai por determinado período para poder tocar a vida.

Meu primeiro empreendimento, fruto da curiosidade que tenho até hoje pela vida, não deu certo. Era uma pequena fábrica para produzir uma peça bem específica para barcos da classe Laser, e que podia ser personalizada para cada velejador. Mas me pôs em movimento, e foi importante principalmente por isso. Ainda garoto, fui duas vezes campeão brasileiro júnior da classe Laser (barco a vela, hoje categoria olímpica), isso nos idos de 1974 e 1975. Foram grandes feitos para mim. Eu era um menino, apesar da minha altura, e tive a oportunidade de conviver com gente e atletas muito experientes, aprender com eles. Devo isso a essa minha postura de curiosidade, interesse pelas coisas e pelas pessoas de qualquer classe social. Foi uma passagem marcante em minha trajetória, com muitos ensinamentos. O principal talvez tenha sido o de assumir responsabilidades, algo que aprendi e pude exercitar quando, depois de cada regata, eu preenchia um relatório com dados do meu desempenho, mencionando inclusive as oportunidades que havia perdido em cada fase da competição. Esse aspecto de avaliar e criticar o próprio desempenho faz toda a diferença quando você está empreendendo, criando ou descobrindo novas formas de fazer as coisas.

A partir desse período, terminei os estudos regulares, fiz Engenharia até o quarto ano, mas não concluí o curso. Fui para o mercado de trabalho, a princípio, para me livrar dos controles do meu pai. Já trabalhando por conta própria, dei dois passos para trás para conseguir dar, depois, dez passos para a frente. O contato com o mundo real do trabalho me fez perceber a relação entre o que estava fazendo e o que estava estudando. Engenharia não era a minha praia, embora muita coisa que aprendi no curso eu tenha aplicado no trabalho. Fiz Administração – então com os meus recursos –, mudando praticamente os horizontes da minha vida. Minha primeira grande experiência como gestor ocorreu na Mesbla, uma das mais importantes e pioneiras lojas de departamento do Brasil nos anos 1970 e 1980, onde fiquei por seis anos.

Só para registro, os anos 1970 ficaram conhecidos como o período em que ocorreu o chamado "milagre brasileiro", quando as taxas de crescimento do país saltaram de 9,8% ao ano, em 1968, para 14% ao ano, em 1973.[7] Eram os anos de chumbo do período militar. Já os anos 1980 fizeram parte da então chamada "década perdida", período em que o país mergulhou na sua mais profunda crise econômica, chegando a ter índices de inflação superiores a 80% ao mês (um caos hiperinflacionário).[8] Foi um período duro, com imensas dificuldades, algo comparável, guardadas algumas diferenças, com o recente período do governo Dilma, quando o PIB brasileiro chegou a retrair, no acumulado, algo em torno de 7%.[9] Ou, no presente momento, com a pandemia de covid-19, em que chegaremos a um dos piores momentos de toda a nossa história,[10] com o agravante de que isso será algo a ocorrer em escala mundial.

O que quero dizer é que períodos ruins, caóticos ou difíceis não definem, necessariamente, o êxito ou o fracasso da sua trajetória. Assim como períodos favoráveis não são sinônimos de sucesso individual. O ambiente externo (político ou social), seja ele bom ou ruim, exige estratégias e ferramentas adequadas. Algo que você só consegue obter

---

[7] MILAGRE econômico brasileiro. **Wikipedia**, [s.d.]. Disponível em: https://pt.wikipedia.org/wiki/Milagre_econ%C3%B4mico_brasileiro. Acesso em: 01 dez. 2020.

[8] GUIMARÃES, C. A. IPCA 40 anos. **Agência IBGE Notícias**, [s.d]. Disponível em: https://agenciadenoticias.ibge.gov.br/lentes-doc/26571-40-anos-ipca-inpc.html. Acesso em: 01 dez. 2020.

[9] BALASSIANO, M. PIB recua média anual de 1,2% por ano no período Dilma II/Temer, queda sem precedentes em 120 anos. **Blog do IBRE**, 1 mar. 2019. Disponível em: https://blogdoibre.fgv.br/posts/pib-recua-media-anual-de-12-por-ano-no-periodo-dilma-ii-temer-queda-sem-precedentes-em-120. Acesso em: 15 dez. 2020.

[10] PIB do Brasil em 2020: histórico e evolução em gráficos. **Gazeta do Povo**, 29 abr. 2019. Disponível em: https://infograficos.gazetadopovo.com.br/economia/pib-do-brasil/. Acesso em: 15 dez. 2020.

ou construir quando começa a compreender o tempo e o momento em que está vivendo.

O período em que estive na Mesbla, por exemplo, coincidiu com a grave crise econômica pela qual o país passava nos anos 1980. Estávamos no meio de uma virada estratégica, muito em razão do ambiente externo que vivíamos e que muito nos afetava. A empresa ajustava os seus sistemas de compra – algo diretamente impactado pelas oscilações de preço do mercado –, migrando para um processo mais centralizador, em razão das demandas e do ambiente. Aquele era um caminho um pouco mais seguro. Enquanto gestor, eu estudava todos os relatórios, acompanhando as demandas de cada loja, item a item, e avaliando o momento que estávamos vivendo, isto é, o que estava acontecendo no mercado, do lado de fora da empresa. Naquela época, as coisas mudavam muito rapidamente, às vezes da noite para o dia, com planos econômicos, alterações de tributos, mudança de regras, prazos etc. Tudo em função da instabilidade do país. Era preciso ter um olho no mercado e outro no negócio. Eu montava estratégias de venda, considerando todas essas variáveis, e, da mesma forma, definia as estratégias de compra (dentro de um mercado absolutamente dinâmico e quase sempre imprevisível), provendo as lojas com artigos mais adequados para determinado período, de modo que pudéssemos ter um mínimo de controle sobre o que estávamos fazendo.

Por mais preparado que eu estivesse, não teria sucesso se não acompanhasse atentamente o que estava acontecendo no mercado.

Depois que saí da Mesbla, fui para as Lojas Americanas, onde fiquei quase um ano, saindo em seguida para a Richards, uma rede de lojas de roupas finas, que se tornou um dos *cases* nacionais mais importantes até os dias de hoje. Quando eu saí da Richards, tínhamos quarenta lojas espalhadas pelo Brasil (eram apenas três quando eu entrei). Logo fui contratado pela Zara para fazer o startup ("dar início") da marca no país. Fiquei oito anos na Zara; quando saí, a empresa já estava plenamente implantada no Brasil e dava lucro, o que me credenciou a outros grandes voos. Tive ainda uma rápida passagem pelo Grupo Pão de Açúcar (GPA), como vice-presidente de Não Alimentos, de onde fui demitido, o que foi para mim uma surpresa enorme – primeiro, porque isso nunca me havia acontecido; segundo, porque eu sempre estava um passo à frente de onde deveria estar. Bem, fiquei quatro meses desempregado e, depois de passar por um processo de seleção muito rigoroso e diferenciado, fui contratado para ser o presidente da Azul Linhas Aéreas. Esse foi um período em que minha história se mistura com a história da companhia no que diz respeito sobretudo às inovações que fizemos, ao modelo de gestão adotado, ao desenho do produto que implementamos lá, enfim, atividades que foram reconhecidas e premiadas não só pelo mercado, mas por nossos clientes também.

Menciono como exemplo desse reconhecimento – tanto do mercado quanto de nossos clientes – o prêmio que a Azul conquistou em 2015 como a empresa aérea com "o check-in mais rápido do Brasil" segundo pesquisa feita pela Secretaria de Aviação Civil com mais de 50 mil viajantes de voos domésticos e internacionais no país.[11]

Em 2016, a Azul foi eleita a "Melhor Companhia Aérea Nacional" durante a 39ª edição da Aviesp Expo, promovida pela Associação das Agências de Viagens do Interior de São Paulo (Aviesp).[12] Vale dizer que já vínhamos nos destacando nos rankings mundiais como uma das melhores companhias aéreas do mundo.

Em julho de 2020, a Azul foi então eleita a "Melhor Companhia Aérea do Mundo" no Prêmio Escolha dos Viajantes 2020, do TripAdvisor, tornando-se a primeira companhia brasileira a alcançar tal feito num ranking mundial de grande porte.[13]

Entre muitos outros prêmios, todo esse reconhecimento repercute o trabalho sério e dedicado da companhia ao longo do tempo, desde a sua fundação. Para o leitor ter ideia do impacto dos nossos primeiros trabalhos, em 2011 recebi, com muito orgulho, o "Prêmio Executivo de Valor", do jornal *Valor Econômico*. Na ocasião, eu era destaque pelo

---

[11] AZUL CONQUISTA prêmio de check-in mais rápido do Brasil. **PHB Airline News**, mar. 2016. Disponível em: https://phbairlinenews.blogspot.com/2016/03/azul--conquista-premio-de-check-in-mais.html. Acesso em: 24 out. 2020.

[12] AZUL RECEBE prêmio de melhor companhia do Brasil na Aviesp. **Voe News**, 12 abr. 2016. Disponível em: https://voenews.com.br/2016/04/12/azul-recebe-premio-de--melhor-companhia-do-brasil-na-aviesp/. Acesso em: 24 out. 2020.

[13] MARTINS, C. Azul torna-se a 1ª brasileira eleita Melhor Companhia Aérea do Mundo. **Aeroin**, 28 jul. 2020. Disponível em: https://www.aeroin.net/azul-eleita-melhor-companhia-aerea-do-mundo/. Acesso em: 24 out. 2020.

segundo ano consecutivo na categoria "Logística e Transporte".[14] Esse foi um prêmio que dividi com todos os diretores da empresa e com cada tripulante Azul. Foi fruto do incrível trabalho e gestão que desenvolvemos na companhia.

Todo o trabalho foi realizado a partir de valores, sonhos e ritos, gerando uma cultura capaz de se automelhorar ao longo do tempo. Apesar de resumida aqui, essa é uma trajetória inspiradora, que me deu tudo o que tenho, tanto em termos de conhecimento e aprendizado quanto de recursos e oportunidades. É dessa perspectiva que falo, pois foi a oportunidade que tive de crescer, aprender, experimentar, avaliar o que fazia sentido e refletir bastante sobre o que fazemos na vida. Usei de muito bom senso para todas as tomadas de decisão.

O (MEU) MUNDO EM MINHAS MÃOS

Desde os 10 anos, já sabia que seria eu quem teria de resolver as coisas da minha vida. A perda da minha mãe, a situação dos meus irmãos e o comportamento controlador do meu pai sinalizavam para mim que, se eu não fosse fazer o que precisava ser feito, ninguém faria isso por mim. Isso ficou claro quando eu comecei a competir com os barcos, na classe Laser. De modo geral, os garotos que competiam comigo reclamavam bastante, e era frequente a forma como justificavam os seus dias ruins no barco quando não se colocavam bem na regata. Alguns alegavam não ter dormido bem à noite ou terem acordado mal; outros chegavam a dizer que o próprio barco não estava nas condições ideais (o que equivalia a dizer que um jogador de futebol não joga bem uma partida por causa da bola) ou que o vento ou o mar não estavam ajudando. Enfim, as desculpas eram as mais variadas e bastante esfarrapadas. Eu ouvia aquilo e me admirava, tentava entender se poderia dizer que a culpa ou a responsabilidade por não ter tido um bom dia no mar era

---

[14] PEDRO JANOT, presidente da Azul Linhas Aéreas Brasileiras, recebe hoje o Prêmio Executivo de Valor. **Porto Gente**, 2 maio 2011. Disponível em: https://portogente.com.br/noticias/noticias-do-dia/39552-pedro-janot-presidente-da-azul-linhas-aereas-brasileiras-recebe-hoje-o-premio-executivo-de-valor. Acesso em: 24 out. 2020.

minha ou de alguém mais. Muitos daqueles garotos culpavam os outros por seus erros. Eu realmente não conseguia entender aquilo. Se os barcos eram todos iguais, se as velas eram as mesmas e se estávamos todos no mesmo mar, ora, quem é que perde ou ganha uma regata? Só pode ser o cara que está tocando o barco. Quando tinha um dia ruim no mar, lembro-me de que eu ficava furioso comigo mesmo, chegava a esmurrar o barco, batendo mesmo no convés, naquelas explosões que temos quando alguma coisa não funciona direito. Isso acontecia com frequência. Eu via alguns garotos que não iam bem por cometerem erros técnicos, por imprudência ou distrações e depois os ouvia dizendo aquelas coisas, desculpas: uma noite maldormida, alguém que os irritara ou o próprio barco, que não estava nas condições ideais etc. Talvez por ter perdido logo cedo minha mãe, por precisar cuidar dos meus irmãos e, como eu disse, já ter em mim aquele pressentimento de que era eu que teria de ir atrás das minhas coisas, eu não conseguia fazer de outra forma a não ser trazer o problema para mim.

O aprendizado desse período, que foi muito marcante em minha vida, resumia-se essencialmente nesta frase: "Traga o problema para você".

Simples assim. Se você está diante de um problema, antes de qualquer coisa, assuma que esse é um problema seu. Você só vai resolvê-lo quando o tiver em suas mãos.

Esse é um ponto de partida, algo que quero marcar nestas páginas. Você não consegue resolver problemas que não reconhece como seus – quero dizer, como alguém responsável. Se o jovem não reconhece um problema como seu, ele se afasta do problema, às vezes o evita ou simplesmente delega sua solução para uma terceira pessoa ou para o além. Mas o fato é que o problema continua ali; talvez esteja longe dele momentaneamente, mas uma hora terá de enfrentá-lo.

Um exemplo disso pode ser visto quando a pessoa assume um grande cargo e passa a ser responsável pelos resultados da área, comandando centenas de colaboradores. É claro que um gestor nessas condições não pode fazer nem resolver tudo sozinho. Mas, por ofício, ele é responsável por tudo o que acontece na área. Qualquer problema tem de ser resolvido o mais rapidamente possível e de maneira assertiva, com segurança, sem margem para dúvidas, justamente para que o

"SE VOCÊ ESTÁ DIANTE DE UM PROBLEMA, ANTES DE QUALQUER COISA, ASSUMA QUE ESSE É UM PROBLEMA SEU. VOCÊ SÓ VAI RESOLVÊ-LO QUANDO O TIVER EM SUAS MÃOS."

problema não volte a ocorrer. Não gosto de hierarquia e subordinações. Elas existem, mas hoje se trabalha mais em linha e matricialmente. É óbvio que existem outras responsabilidades compartilhadas, porém, no limite, quem terá de responder ao conselho ou à presidência será esse executivo. Se o assunto for tratado na linha do "não é minha culpa" ou "vou demitir o causador" ou um simples "me traga agora os culpados", o problema de fato não será resolvido. Responder de modo comprometido e responsável por um problema é entender por que aquela situação é um problema, o que pode ser feito para evitá-lo, que medidas serão tomadas para atenuar ou reverter eventuais prejuízos. Enfim, se o problema não for reconhecido dentro daquele conceito de "traga o problema para mim", sua solução estará comprometida.

Quem está de fora, como eu disse, não percebe a complexidade dessa situação. Os jovens, de maneira geral, e eu diria até de modo compreensível, veem esses gestores do meu exemplo como pessoas poderosas, que mandam e desmandam, fazem o que querem e são, por isso, equivocadamente admiradas. No fundo, todos querem ser CEO (o *Chief Executive Officer*, cargo executivo máximo numa organização), só que o funil é muito fino para que todos passem por ele.

Não compreender isso está na gênese das dificuldades que a maioria dos jovens enfrenta hoje. Sem dúvida, existem dificuldades estruturais e até ambientais, como a falta ou a restrição de oportunidades no mercado de trabalho, o que tem sido comum no Brasil atual. Os menos favorecidos acabam sendo atingidos em cheio por isso. No entanto, os que têm melhores condições nem sempre cumprem adequadamente todas as etapas do processo de busca por um emprego ou por condições para empreender um projeto. Muitos relutam em reconhecer como sua culpa a dificuldade em encontrar trabalho ou realizar um sonho, seja porque gastam pouca sola de calçado ou porque ficaram horas e horas em redes sociais ou em jogos na internet, e acreditam que um bom emprego ou uma boa oportunidade de negócio, mais cedo ou mais tarde, cairá do céu.

Conquistar um emprego ou realizar um grande negócio implica percorrer alguns caminhos. Se você não admite ou não reconhece eventuais obstáculos, como vai superá-los para conseguir trabalho ou empreender algum projeto?

É claro que existem fatores externos, contra os quais não podemos lutar. Por exemplo, não está sob sua responsabilidade resolver os problemas econômicos do Brasil. Pelo menos não é esse o seu propósito quando sai à procura de trabalho ou de algum empreendimento. Você não está aqui para isso nem eu estou sugerindo que faça algo parecido. Por mais que problemas macroeconômicos afetem o mercado, você não pode ficar refém dos efeitos das decisões do governo – ou das oscilações do câmbio, da balança comercial, das crises políticas. Tudo isso, é evidente, tem efeitos e impactos. Mas tenho certeza de que não é esse o seu problema. Existem meios e formas de se lidar com essa conjuntura. É claro que não é fácil, mas também não é impossível. Excluídas as situações de fatalidade, o fato de estar lendo agora este livro já o põe fora da lista dos que não conseguem lidar com a maioria dos problemas que afetam ou impedem alguém de empreender ou de conseguir trabalho. É possível pensar em alternativas não só interessantes como mais adequadas.

Acredite: o maior problema da geração que está hoje no mercado não está em *não encontrar* o que fazer, mas em *não saber* o que fazer!

É uma situação diferente da época em que ingressei no mercado de trabalho. Naquele período, praticamente não tínhamos saída – enfrentávamos forte desemprego, alta concorrência, baixos salários, pouquíssimas oportunidades (muito por conta do próprio ambiente, como disse anteriormente). O que as pessoas faziam? Iam atrás de vagas, buscavam anúncios nos classificados de jornais (não havia LinkedIn nesse período!), mandavam currículos, às vezes conseguiam alguma indicação, marcavam entrevistas e rezavam para que alguma coisa desse resultado.

Era um movimento em massa atrás de alguma oportunidade de trabalho. As pessoas não procuravam empregos ou empresas que tinham a ver com suas vocações; procuravam simplesmente empregos, vagas em aberto. Verificava-se se as qualificações batiam minimamente com os requisitos e pronto, mandava-se um currículo pelo correio (que também não era eletrônico) e rezava-se.

Mas olha que curioso: hoje, temos o LinkedIn, que é um banco de dados extraordinário, e uma série de aplicativos interessantes voltados para a busca de emprego e trabalho (os quais disponibilizam incríveis recursos de contato, acompanhamento e avaliação). Apesar disso tudo, se olharmos com atenção, as pessoas com acesso a essas ferramentas digitais estão repetindo os mesmos passos de vinte, trinta, quarenta anos atrás quando saem à procura de um emprego. Entre outras razões, isso ocorre também pelo que chamo de "efeito manada", como já afirmei, quando todo mundo se move de acordo com os movimentos da maioria. Isso acontecia muito nos anos 1980, por exemplo. Teve uma época em que a maioria das pessoas buscava uma chance no mercado financeiro, porque era o setor que oferecia mais oportunidades num determinado momento (naquele tempo, os benefícios e vantagens extras não eram tão preponderantes assim; ter um emprego já era uma glória!). Há pouco, porém, ocorreu o mesmo com o mercado de tecnologia, o qual exigia que todos os postulantes tivessem de entender de programação, novas linguagens, gestão de redes, de modo que uma espécie de corrida começou, com um monte de gente indo atrás de vagas desse tipo, apresentando currículos visivelmente adaptados para aquela ocasião, buscando qualquer tipo de oportunidade – ainda que não fosse diretamente ligada à área em si, mas pelo menos dentro de uma dessas empresas. Enfim, era o "efeito manada" em ação.

Quando temos a oportunidade de buscar emprego sem as pressões de nutrir nossas necessidades básicas, qual o problema desse tipo de comportamento? Nesses casos, o seu foco está em encontrar alguma coisa para fazer, e não em buscar algo que você já sabe ou que tenha a ver com alguma inclinação pessoal, no sentido de descobrir ou desenvolver o que se quer. As pessoas parecem ter se esquecido disso. Estão dispostas a qualquer coisa por qualquer vaga ou oportunidade, bastando que a maioria chancele alguma tendência. Às vezes, esquecem-se de que tendências são passageiras e de que, se você não consolidar seus desejos e inclinações, vai passar a vida fazendo coisas que nunca vão ajudá-lo a se realizar como indivíduo ou profissional.

É claro que nem sempre isso é possível. Muitas vezes, pelo menos num primeiro momento, o jovem precisa lutar para encontrar oportunidades que saneiem suas necessidades mais imediatas. É compreensível. Mas eu pergunto: quando você tem a chance de buscar um emprego sem as pressões de nutrir suas necessidades básicas, o que você faz? Segue o efeito manada ou investe em alguma habilidade particular?

Calma, não se desespere. Vamos trabalhar tudo isso por partes.

Neste momento, duas coisas: primeiro, não se sinta culpado, você não está sozinho. Isso não é exatamente bom, mas alivia um pouco o sentimento de culpa. Segundo, já que você está com este livro em suas mãos, venha comigo. Tenho certeza de que vou poder dizer alguma coisa relevante para mudar a sua trajetória.

É PRECISO MUDAR E FAZER PARTE DA MUDANÇA

Muita coisa mudou nos últimos anos. É claro que tudo sempre muda, em todas as épocas. Mas há uma peculiaridade que caracteriza as últimas décadas, em particular esse início dos anos 2000: velocidade. Tudo é muito rápido, e por pouco a gente acaba nem sabendo das coisas. Não há nenhuma novidade nessa percepção, mas é justamente por isso que muitas vezes as pessoas não se dão conta das mudanças, tão acostumadas, e logo acomodadas, que ficam diante delas. Você, como eu, dá como certo os próximos lançamentos de novos modelos de celulares, tablets, PCs, MACs, telas dobráveis, aplicativos inteligentes. A gente chega a pensar em alguma coisa e automaticamente corre para a App Store ou Google Play em busca daquele aplicativo ou de algum serviço que possa atender àquele "pensamento" que nos ocorreu a partir de uma necessidade bem específica. A boa notícia é que quase sempre encontramos esse aplicativo. Então paramos e pensamos: *Puxa, estou superantenado!* É verdade. A má notícia é que tem gente tão antenada como nós que não só está pensando como está fazendo coisas ainda inimagináveis – que só vão ser pensadas por nós depois de estarem prontas e disponíveis no nosso celular.

Se você tem uma postura contemplativa, talvez diga: "Que mundo maravilhoso este!". Se tentar entender o que está acontecendo, porém, preocupando-se, inclusive, com o que faz e com o que quer realizar, talvez se assuste com a rapidez e velocidade de tudo isso que está acontecendo. Às vezes, como eu disse, nem percebemos que o mundo mu-

"ACREDITE: O MAIOR PROBLEMA DA GERAÇÃO QUE ESTÁ HOJE NO MERCADO NÃO ESTÁ EM *NÃO ENCONTRAR* O QUE FAZER, MAS EM *NÃO SABER* O QUE FAZER!"

dou. Esse aplicativo que "apareceu" agora no seu celular, por exemplo, provavelmente amanhã já terá passado por inúmeras versões de ajustes e adequações e logo será substituído por algo mais "inteligente", mais "adequado", mais "customizado" às suas novas necessidades – que também vão mudar, nunca é demais lembrar.

É claro que você percebe a mudança, mas será que faz parte dela?

Esse é um ponto relevante. Impacta, inclusive, a forma e o meio como as oportunidades aparecem. Por exemplo, muitas organizações já perceberam que o talento, um insumo valiosíssimo, não é algo ligado apenas a determinado segmento da sociedade (aos centros urbanos ou à classe média). Talentos estão em toda parte, independentemente da classe social, da localização geográfica, da ideologia ou da etnia da pessoa. Diferentemente do que ocorria no passado, portanto. Para dar ideia de como isso mudou, às vezes são as oportunidades que batem à sua porta. Algumas empresas, por exemplo, em busca de talentos, e também como forma de diversificar seus quadros, têm ido às periferias de grandes cidades com programas de apoio para o desenvolvimento desses jovens. Elas oferecem estrutura e condições para que se preparem e possam atuar em seus negócios. Isso inclui outras modalidades de recrutamento, como os programas de *trainee* – às vezes voltados para jovens da periferia, com características específicas –, de formação, estágios ou de jovens aprendizes.

Isso é uma mudança incrível, positiva e, sem dúvida, aumenta as oportunidades. Para empresas, é um jeito de resolver muitos de seus problemas, de filtrar, formar e buscar de maneira mais estratégica seus futuros colaboradores. Isso, porém, não resolve o problema do jovem que ainda não se encontrou. Veja, não ter se encontrado nem é o maior problema. A coisa fica bem complicada quando a pessoa não entendeu isso e nem sabe que está perdida.

Chamo atenção ainda para este aspecto: os garotos da periferia têm fome – fome de comer, fome de viver, fome de crescer, fome de melhorar de vida – e precisam dessas oportunidades. Seus pais tiveram uma vida modesta, fizeram sacrifícios para manter os filhos na escola, e alguns estão percebendo que todo esse esforço não foi em vão. Se você se encontra numa situação dessas, e aparece na sua frente uma empresa que reconhece o seu talento e oferece oportunidades reais de desenvolvimento e crescimento, isso literalmente vai mudar a sua vida.

O outro lado dessa história é que muitos jovens, talvez a maioria, e também por conta das mudanças que ocorreram, encontram-se em situação completamente oposta. Eles não têm fome, não sentem tanta necessidade de mudar ou melhorar de vida e parecem não compreender bem o que está acontecendo. Não significa, porém, que estejam bem ou que não tenham incertezas e frustrações. Muito pelo contrário. Seus pais também fizeram o possível e o impossível para que tivessem uma boa formação, deram todos os espaços e oportunidades disponíveis para que experimentassem e testassem suas habilidades e, ao mesmo tempo, deram a eles condições para que descobrissem sozinhos as melhores formas de levarem suas vidas, com liberdade e autonomia – até porque, a maioria desses pais trabalhava fora, e os filhos tinham mesmo de se virar; enfim, você sabe como são essas histórias.

Só que se você tem casa, comida e roupa lavada e, quando sai à rua, percebe que o mar não está para peixe (crise, desemprego, alto custo de vida, uma recessão canhestra)... Pensando bem, por que mesmo você iria sair do paraíso do seu quarto se ninguém está exigindo que você o faça? Os pais, pelo menos, não se incomodam tanto assim. Enfim, numa situação como essa, a fome é de quê? Será que essa inapetência decorre da educação que esses jovens tiveram? Será que foram (e continuam sendo) superprotegidos? Não se expuseram o suficiente no mundo, muito por conta da violência das ruas e dos medos de seus pais? Eles não se sentem mais desafiados?

O que será que acontece, afinal?

Isso é interessante, porque, se muitos alegam essas dificuldades para *não fazer* o que gostariam, por outro lado, alguns nas mesmas condições de dificuldades arranjaram meios de estudar mais, criar, dar um jeito de fazer as coisas que queriam ou sonhavam em fazer.

Todo mundo quer ser CEO ou acha que um dia vai ser um de qualquer jeito. Ou, na pior das hipóteses, se não for um CEO, montará uma startup. E se isso não acontecer, nunca serão felizes. Aí temos os dois extremos: ou a pessoa fica em casa ou só vai sair dela para ser um CEO. É do céu ao inferno, embora a casa não seja necessariamente um inferno, mas um paraíso onde nada acontece. Nem você nem ninguém precisa ser CEO para ser feliz. Ninguém precisa, necessariamente, ir a São Paulo ou ao Rio de Janeiro, a Nova York ou a Paris para ser feliz. Esse extremismo é absolutamente nocivo numa trajetória.

Vale aqui um esclarecimento: muitos pensam a função CEO como algo simétrico a uma grande empresa ou a uma longa e árdua trajetória. Como se apenas isso fosse o suficiente, ou seja, basta estar numa grande empresa ou ter anos de estrada para que o cargo de CEO caia no colo da pessoa. As coisas não são assim. O que conta é a confluência de interesses, oportunidade e necessidade – tudo isso acontecendo num só tempo. Se você puder atender (com sua competência e visão) aos interesses e necessidades do negócio, as coisas acontecem. Talvez você vá para o topo ou apenas fique no comando enquanto durar o projeto. É essa entrega e a busca por um determinado objetivo que vão caracterizar a função de CEO – ou a de presidente ou diretor-geral, dependendo da companhia. Isso pode acontecer tanto numa grande empresa como num pequeno negócio. Você pode ter 25 ou 30 anos, a depender da oportunidade e do que tem a oferecer – ou 50 anos, com uma trajetória que o credencie a tomar grandes decisões. Tudo é uma questão de momento, competência e necessidade.

Em média, e com variações em áreas e faixas etárias, as pessoas trocam de empresa a cada três anos. Era algo impensável até o início dos anos 2000. Mas, nos dias de hoje, faz todo o sentido. Os indivíduos entram numa empresa, acumulam conhecimento, trocam de empresa, acumulam conhecimento, e assim por diante. Em minha trajetória, o ciclo foi, em média, de sete anos. E isso tem muito a ver com o meu perfil. Eu me considero um construtor de empresas. Só as deixava quando estavam na rota do lucro. Fui CEO de empresa desde os 27 anos, da Richards em diante. É muito tempo, mas existem casos em que essa permanência se justifica. É claro que não dá para estabelecer um padrão rígido em relação à permanência ideal de um colaborador numa companhia. Isso vai depender de cada caso. De modo geral, são três anos. Agora, o que não faz mais sentido é imaginar que você vai encontrar uma empresa em que trabalhará a vida toda. Isso era comum no passado, e tinha a ver com a conformação do mundo de então. Atualmente, em razão das mudanças, e sobretudo da velocidade com que elas ocorrem, tudo é muito mais dinâmico e efêmero. Não é mais possível imaginar a existência de uma empresa que vai durar para sempre. Talvez você me pergunte: mas e a Microsoft, a Boeing e a Shell, por exemplo? Não são empresas que estão há muito tempo no mercado? Sim, sem dúvida, porém, apesar de manterem o mesmo nome e mercado, certamente são hoje muito diferentes do que foram no passado. Um funcionário contratado no passado por alguma delas dificilmente conseguiria uma vaga hoje se mantivesse a mesma visão de mundo daquela época.

Pode parecer óbvia essa constatação, mas o fato é que muitos ainda mantêm o mesmo olhar do passado nos dias de hoje:

- Definem suas trajetórias em função da "manada" (Qual é a tendência? Que área está dando mais dinheiro? O que a maioria está fazendo?);
- Almejam exclusivamente o topo (vivendo intensamente a síndrome do CEO) e desprezam o fato de que este é um caminho a ser construído, com etapas e obstáculos que precisam ser necessariamente percorridos;
- Os benefícios são mais relevantes que as oportunidades de aprendizagem;
- Renunciam responsabilidades;
- Acreditam que vão gostar de tudo o que engloba a profissão escolhida, e qualquer sentimento de insatisfação os desmotiva.

Você se identifica com algum desses pontos?
Calma, vamos falar mais sobre isso no próximo capítulo.

CAPÍTULO 02

A CULPA NÃO É SUA... MAS VOCÊ AINDA ESTÁ NO JOGO?

O PIB dos últimos dez anos (com crescimento a um ritmo de 1,39% ao ano) foi um dos piores da história do Brasil. Foi o período de menor expansão que tivemos desde os anos 1900 – isso mesmo! – segundo informações da Agência Estado publicadas em janeiro de 2020.[15] Temos de admitir que o ambiente brasileiro não é nada estimulante, diria que chega a ser tóxico, especialmente para os jovens, e sobretudo porque em situações assim as oportunidades escasseiam ou se tornam muito mais concorridas que em períodos regulares. Não é à toa que vemos e ouvimos com alguma frequência pessoas dizendo que, se pudessem, deixariam o país, ou então usando o atual cenário para justificar seus sucessivos fracassos. Como disse, o cenário de fato não é dos melhores, mas está longe de ser o fim do mundo. Lembro que os anos 1980, a chamada "década perdida", foi um período muito parecido com o atual, e com um detalhe de que muitos se esquecem e que era simplesmente devastador: vivíamos sob uma inflação média de mais de 200% ao ano segundo dados da Fundação Instituto de Pesquisas Econômicas (FIPE),[16] tanto que chamávamos esse período de hiperinflacionário. Para se ter ideia, com o equivalente a R$ 10,00, eu comprava, no primeiro dia de um mês, um

---

[15] DÉCADA ENCERRADA em 2019 foi a pior para o PIB brasileiro desde 1900. **R7**, 13 jan. 2020. Disponível em: https://noticias.r7.com/economia/decada-encerrada-em-2019-foi-a-pior-para-o-pib-brasileiro-desde-1900-13012020/. Acesso em: 24 out. 2020.

[16] G1 EXPLICA a inflação. **G1**, [s.d]. Disponível em: http://g1.globo.com/economia/inflacao-como-os-governos-controlam/platb/category/sem-categoria/. Acesso em: 24 out. 2020.

quilo de feijão, e no dia 30 desse mesmo mês, com aqueles mesmos R$ 10,00, pouco mais de um quarto desse mesmo item. E com este perverso detalhe: o seu salário era o mesmo, mas você não conseguia comprar nem a metade do que precisava no fim do mês. Ou seja, desespero total! Afora esse dado literalmente aterrorizante, tínhamos um ambiente muito parecido com o que vivemos hoje, anos 2010/2020: baixo crescimento, estagnação, altos níveis de desemprego, poucas perspectivas de crescimento, além dos problemas que já se tornaram clássicos em nosso país e que permanecem (escolas ruins, corrupção, descaso governamental em políticas públicas etc.). No entanto, a despeito de todos esses problemas que mencionei, foi justamente nesse período, anos 1980, que comecei a trabalhar (em fevereiro de 1981), e nem por isso eu deixei de avançar. Eu tentava entender aquele ambiente em que estava inserido e começava a me preparar para enfrentar os primeiros desafios da vida adulta. Nessa fase, eu olhava para trás e via uma vida confortável, divertida e conhecida; depois, olhava para a frente e não enxergava nada. Aquilo dava um frio na barriga e um nó na garganta. Medo era a sensação de tudo isso.

Não foi um período fácil, como o de hoje também não é. Mas não tínhamos escolha. Assim como hoje, naquela época também não dava para deixar de fazer o que precisava ser feito por conta da difícil situação do país. Lembro que buscava furiosamente amigos e conhecidos, sempre pedindo dicas e orientações sobre oportunidades no mercado. Aliás, por conta dessa busca, dessas conversas que tinha, acabei sendo indicado por um desses amigos a conversar com um parente dele, que era diretor de uma determinada empresa e que, por sua vez, me indicou a uma vaga de *trainee*. Ou seja, com pouco mais de 21 anos eu já estava na Mesbla, uma das mais importantes lojas de departamento do país.

Nesse período, eu tranquei o meu curso de Engenharia, que era algo que não tinha nada a ver comigo, e fui fazer um curso de extensão de Gerência de Marketing, e a partir disso minha vida mudou radicalmente. Esse curso permitiu que eu me aperfeiçoasse numa atividade para a qual eu ainda não estava pronto. E foi, nesse sentido, muito importante. Apesar disso, eu voltei à faculdade e me formei em Administração, porque ter diploma representava alguma coisa em termos de formação, como escrevíamos em nossos currículos naquela época. Mas o fato é que, a partir do curso de Gerência de Marketing e com o emprego na Mesbla, eu me transformei num varejista, que no fundo é um profissional de marketing, exatamente como eu queria ser naquela época.

Esse é um ponto interessante e que muitos jovens acabam perdendo de vista. Apesar do curso de Engenharia, eu estudava algo que tinha a ver não só com o que estava fazendo naquele momento (meu emprego na Mesbla), mas também com o que eu queria fazer no futuro. Você não consegue ter esse tipo de visão se seguir apenas o que o mercado pede ou agir, conforme disse no capítulo anterior, como aquele pessoal do "efeito manada", quando você faz as coisas porque a maioria das pessoas está fazendo. Esse é um aspecto crucial na sua jornada: entender onde você está e para onde está indo – e mais: o quanto desse "ir", digamos assim, tem a ver com esse lugar aonde você quer realmente chegar.

Não quero dizer nem sugerir que na minha época as coisas eram mais difíceis ou mais fáceis e que hoje os jovens não se resolvem apenas porque não querem. Não precisamos ser ingênuos. Apesar das dificuldades, os anos 1980 são bem diferentes dos anos 2000, obviamente. Tanto em termos de alternativas quanto de recursos e visão de mundo. O jovem de hoje, por exemplo, tem muito mais acesso à informação que o jovem da minha época. Hoje, você tem internet, redes sociais, troca mensagens e informações numa velocidade espantosa, mas, se quiser ter algum sucesso, é obrigado a acompanhar todas essas mudanças num ritmo alucinante, dentro de uma concorrência insana com milhares e milhares de pessoas que têm acesso a tudo o que você tem e num nível de exigência e preparação que não existia na minha época – ou pelo menos era muito diferente. Nem por isso dá para dizer que hoje as coisas são mais fáceis ou mais difíceis.

Vamos fazer um exercício: será que, se eu tivesse acesso, na minha época, a tudo o que você tem hoje, as coisas teriam sido mais fáceis para mim? Se tivesse mais informação, internet, mais velocidade, canais especializados de conhecimento, mais oportunidades de preparação, será que isso faria diferença na minha carreira e no meu processo de desenvolvimento?

Resposta: depende.

Da mesma forma, se você fosse transportado, vamos dizer assim, para os anos 1970 ou 1980, já tendo experimentado o gostinho da tecnologia dos dias atuais, será que se habituaria aos modos e meios de vida e carreira desse período?

Resposta: depende.

Sabe por que digo *depende*? Porque se apenas eu ou você tivéssemos sido transportados, talvez isso fizesse alguma diferença. Mas o fato é que não estamos sozinhos. Todas as facilidades que você tem hoje, é preciso dizer, todos têm, qualquer um tem, e isso não chega mais a ser uma diferença, mas um pressuposto. Se, na minha época, eu fosse o único a ter acesso à internet, sem dúvida isso seria uma vantagem gigantesca. Mas, quando todo mundo tem acesso às mesmas facilidades, onde está a vantagem?

Resposta: naquilo que você, individualmente, faz com ela.

Se todos os seus amigos falam as mesmas coisas, se todos acompanham as mesmas páginas do Facebook, se todos vão aos mesmos lugares, leem as mesmas coisas, ouvem as mesmas músicas, escutam sempre as mesmas notícias, qual é o clima que prevalece? O pior possível, porque a situação não é das melhores, o país não está bem, o desemprego está em alta e, a essa altura, o melhor a fazer é não sair de casa, não é mesmo?

Você precisa sair do mundo raso, imediato, e parar de consumir aquilo que só alimenta o seu nível de dificuldades. É claro que isso não é fácil. Numa entrevista publicada no começo de 2020, o economista José Pastore, presidente do Conselho de Emprego e Relações do Trabalho da Fecomércio-SP e professor da Universidade de São Paulo (USP), disse que "as dificuldades que os mais jovens enfrentam hoje no mercado de trabalho são maiores do que as que seus pais enfrentaram, tanto pela necessidade de treinamento e atualização quanto pelos reflexos da recessão". E ele continua:

> [Muitos jovens] ficam frustrados, desanimados, se sentem inferiores em relação aos pais. Essa percepção cria um ambiente negativo e faz crescer, em praticamente todos os países do mundo, movimentos populistas que se aproveitam dessa camada

social que perdeu a oportunidade de ascender. Se os jovens não conseguem nem mesmo um primeiro emprego protegido pelos benefícios da ocupação formal, isso tem sérios reflexos para a sociedade.[17]

Trazendo a questão para o seu raio de ação: no meio de tantas coisas iguais e desiguais, você precisa descobrir suas singularidades. É nisso que está sua força, isto é, nas suas diferenças.

Partindo desse ponto de vista, você consegue perceber o que o diferencia hoje no mundo? Escreva um pouco sobre isso, como se estivesse se entrevistando:

Quem é você?
(Seja o mais abrangente possível, mas destacando suas singularidades.)

_____

_____

O que você quer?
(Vida, carreira, formação.)

_____

_____

O que está fazendo?
(Trabalha, estuda, está prestando concurso?)

_____

_____

---

17 GRAVAS,D. 'Jovem não conquista o que os pais alcançaram'. **O Estado de S. Paulo**, 05 jan. 2020. Disponível em: https://economia.estadao.com.br/noticias/geral,jovem-nao-conquista-o-que-os-pais-alcancaram,70003143768. Acesso em: 29 out. 2020.

Quais são suas habilidades principais?

_____

_____

O que você gostaria de aprender?

_____

_____

Onde, como, quando?

_____

_____

Para onde vai?

_____

_____

Era exatamente assim o questionário a que eu respondia a cada grande decisão que precisava tomar.

Comece a escrever e, daqui a pouco, você vai entender o que é isso.

Se você para e pensa, percebe que muitas das dificuldades que encontra no caminho (as estruturais, sobretudo) não foram criadas por você. Perceber isso, porém, não as elimina. Dizer que não é culpa sua ou que não depende de você resolver os problemas do país não o ajudará a conseguir o trabalho que tanto quer ou a realizar o empreendimento do seu sonho.

O ponto que você não pode perder de vista é este: saia dessa situação negativa, pare de alimentar justificativas que só reforçam esse ambiente de desilusão e de fracassos. Arrumar um emprego nos dias de hoje não é algo fácil, eu sei. A boa notícia é que nunca foi. Na minha época não era, antes disso também não, e agora a situação não é diferente. É possível pensar em momentos promissores, com a economia crescendo, o PIB em alta, investimentos bombando; tudo isso, sem dúvida, contribui um pouco. Mas isso é só uma parte da questão. Arrumar um emprego resolve um lado das coisas, o qual, sem dúvida, é fundamental, mas não é tudo. Não há como você se realizar fazendo alguma coisa apenas para ganhar dinheiro. Se isto não se associar a um propósito, os efeitos colaterais costumam ser bem complicados.

No entanto, entre tantos problemas, este é apenas mais um. Como falei, o país não está nos seus melhores dias. E, não bastasse isso, vive-se uma crise que afeta a todos. No capítulo anterior, falamos sobre a invasão de aplicativos, que chegaram para transformar nossas vidas, mas isso não é tudo. Hoje, vive-se um fenômeno que os críticos chamam de precarização do trabalho, que é quando as garantias formais de seguro, previdência e proteção ao trabalhador estão ameaçadas. É um fenômeno mundial. Estamos abrindo mão das proteções do Estado para nos lançar de peito aberto no mercado.

Isso é bom ou ruim?

Acho que as duas coisas ao mesmo tempo, a depender do quanto você está ou não preparado. A questão é que estamos aprendendo a lidar com isso, o que por si já é algo complicado, porque é como se estivéssemos trocando a turbina de um avião com ele em movimento. Mas não é só isso: nem sabemos ao certo se o que está aí veio para ficar, se o modelo atual é permanente ou se é apenas passageiro. Considerando a quantidade de indefinições, acho que é um período de transição; no entanto, ele está acontecendo agora, e é com ele que temos de lidar.

Um exemplo dessa nova ordem (acesso) – que ainda não é definitiva, mas que já nos diz que nada mais será como antes – está nos empregos gerados por aplicativos, em que pessoas trabalham de acordo com demandas específicas e pontuais. Não acho que o termo correto seja emprego, até porque ele não acontece mais, hoje, nos termos que conhecíamos no passado. O que há, numa ponta, são serviços que são ofertados e, na outra, um consumidor querendo ser atendido. No meio do caminho estão os operadores, os entregadores, os motoristas, enfim, o profissional que se dispõe a operar em função de um aplicativo.

Como disse José Pastore na mesma entrevista mencionada anteriormente, "esse tipo de trabalho, por aplicativos, está fora de qualquer vínculo empregatício" – algo que, no passado, propiciava cuidados e proteção do Estado, por meio das leis trabalhistas, e uma certa estabilidade, garantida por encargos, indenizações e, no caso de alguma dispensa, por um seguro-desemprego. Isso ainda funciona, mas cada vez menos. Para você ter ideia, uma reportagem da revista *Exame* revela que as plataformas da Uber e do iFood se tornaram, juntas, a maior 'empregadora do Brasil', cujos serviços são fonte de renda para cerca de 4 milhões de brasileiros.[18] Se reunidas em uma mesma folha de pagamento, diz a reportagem, esta seria mais longa que a dos Correios. Esses dados são de 2019, e tudo indica que de lá para cá isso tenha se expandido mais ainda.

Essa é uma realidade que faz parte da nossa vida. Como lembra o professor Pastore, o mundo ainda está procurando sistemas para proteger quem não tem proteção alguma. De fato, nesses casos, quando há um acidente em trânsito com um desses entregadores, por exemplo, ele não tem a quem recorrer; e tanto a empresa que oferece o produto ou serviço quanto o consumidor e o agenciador dos operadores estão desobrigados de qualquer responsabilidade de acordo com a própria lei vigente.

No entanto, na medida em que não há tantas oportunidades no mercado, essas são opções reais. Se você não tem alternativas, esse é um caminho temporário que pode fazer parte do seu itinerário profissional em busca de alguma vaga no mercado. Sem entrar no mérito dessas novas questões, e reconhecendo a precarização do trabalho, o fato é que você não pode se conformar com essas alternativas, no sentido de passar a vida toda trabalhando em esquemas como esses. Há quem diga: "Mas quando você tem um carro e se transforma num motorista da Uber ou da 99, você é dono do seu nariz, faz o que quer". Sim, em certo sentido você é mesmo o dono do seu nariz, com a *sensação* de que faz o que quer. Mas, de fato, ser dono do seu nariz nessas condições

---

[18] APPS COMO Uber e iFood se tornam "maior empregador" do Brasil. **Exame**, 28 abr. 2019. Disponível em: https://exame.com/economia/apps-como-uber-e-ifood-sao-fonte-de-renda-de-quase-4-milhoes-de-pessoas/. Acesso em: 24 out. 2020.

não quer dizer muita coisa, até porque você não tem nem tempo para desfrutar de tal requinte. Para ter algum rendimento notável (algo, digamos, que dê para viver com o mínimo necessário), a carga de trabalho chega a ser insana (doze ou até quatorze horas diárias, sete dias por semana), com curtíssimas folgas para o máximo de dedicação.

Se você não conseguiu uma vaga numa empresa bacana, os empregos por aplicativos são uma alternativa, sem dúvida alguma, considerável.

Digamos, então, que você encontre um caminho nesse mercado, se esquematize em algum desses aplicativos e consiga sobreviver por algum período, pagando suas contas. Minha pergunta é: será que é isso que você estava buscando para a sua vida? É isso que quer seguir como carreira? Você consegue enxergar, nessa atividade, do seu ponto de vista, algum propósito de vida?

Acho que vale ressaltar a proposta que estou fazendo aqui: este não é um manual sobre como arrumar um emprego, mas um livro que pode mudar o seu jeito de pensar e fazer as coisas de que precisa e quer fazer em sua vida. É sempre bom deixar isso claro.

Não há aqui nenhum intuito de desqualificar esse tipo de trabalho (por aplicativos), muito menos o profissional que se dedica e, às vezes, até se mata para conseguir uma vaga como essa. Em termos de dignidade, um trabalho assim é tão nobre quanto qualquer outro. Não é esse o meu ponto. A questão é que essa é apenas uma atividade-meio, temporária, cuja razão deveria ser a de oferecer uma alternativa por um breve período, funcionando como uma espécie de rito de passagem para algum outro momento, enquanto você estuda ou se prepara para um salto mais ambicioso. No entanto, percebo que, para muitos jovens, essas atividades, se não se tornaram uma finalidade em si (ninguém em sã consciência diz que gostaria de fazer isso a vida toda), são a única alternativa viável no momento. Pelo menos é assim que eles veem.

Acredito nisso, acredito na necessidade desses jovens e no quão importante, nessa fase, são esses empregos. É claro que eles fazem todo o sentido no momento em que vivemos, tanto do ponto de vista macroestrutural quanto do que oferecem como meio de integração e trabalho. Mas discordo furiosamente de que essa seja a única alternativa viável. Ou, para ser mais preciso: esses trabalhos não deveriam ser vistos como

"ARRUMAR UM EMPREGO RESOLVE UM LADO DAS COISAS, O QUAL, SEM DÚVIDA, É FUNDAMENTAL, MAS NÃO É TUDO. NÃO HÁ COMO VOCÊ SE REALIZAR FAZENDO ALGUMA COISA APENAS PARA GANHAR DINHEIRO. SE ISTO NÃO SE ASSOCIAR A UM PROPÓSITO, OS EFEITOS COLATERAIS COSTUMAM SER BEM COMPLICADOS."

um fim em si, ou como o que restou em termos de oportunidades numa sociedade saturada.

Compreendo que essa é uma visão que se alicerça justamente nesse ambiente insano, cuja única razão de existência parece estar no excesso de consumo. Nessa condição, se não há empregos para todos, os que sobram são absurdamente concorridos; se o mercado está ruim e suas contas estão atrasadas, ora, é isso o que temos para hoje, como vocês mesmos dizem.

Mas essas são alternativas pontuais – e não são as únicas. Só para mencionar os meios mais óbvios, você ainda pode falar com amigos (talvez um dos jeitos mais antigos de procurar emprego), enviar currículos, se inscrever em programas de *trainee*, participar de processos de estágios, de programas sazonais (fim de ano, festas nacionais etc.), ir até uma unidade do Centro de Integração Empresa-Escola (CIEE), trabalhar como voluntário em projetos sociais e buscar os seus gurus (o primeiro pode ser o seu pai ou sua mãe; à medida que vai crescendo no seu autoconhecimento, você vai buscando e conhecendo novos gurus), acompanhar as plataformas de serviços (pela própria internet; há inúmeras delas). Enfim, existem várias maneiras. E todas essas, nesse ponto da sua jornada, são temporárias, ocasionais, atendem mais ao propósito de oferecer uma primeira oportunidade para que você possa se lançar no mercado, começar a conhecer como funciona esse ambiente, e aos poucos ir construindo os próprios caminhos. As redes de *networking* aqui são fundamentais. E devem incluir todas as possibilidades de contato, do porteiro do seu prédio até a pessoa de maior relevância ou evidência no seu macro e microambiente. É tal qual a história do vendedor que tem como meta vender para dez pessoas e define que, para atingir esse objetivo, vai atender somente as dez. Como a probabilidade de reverter isso em vendas costuma ser da ordem de dez por cento, a taxa de conversão desse vendedor é suicida. Se você atende a dez pessoas, provavelmente venderá para apenas uma delas (10% de 10 = 1). Para se ter ideia da dramaticidade dessa conta, pense que a comissão dele será somente em cima do que vender, ou seja, sobre uma pessoa. Agora, se você atende a cem pessoas (pensando em atingir dez), a sua comissão será sobre as vendas que realizar para dez pessoas.

Mas isso, em geral, não acontece de modo desconectado de um propósito, da busca de um sentido que você quer dar a sua vida. Hoje, mais do que nunca, você precisa estreitar muito sua atividade de trabalho com a sua atividade escolar, por exemplo (aqui, pressuponho que você pensa ou já começou a estudar alguma coisa próxima ao que quer fazer no mercado). Quanto mais próximos esses caminhos, mais chances você tem de conseguir uma boa colocação – boa colocação no sentido de lhe permitir condições de crescimento e desenvolvimento; bons salários, mais benefícios e realização decorrem dessa confluência de caminhos: mercado e escola.

São bem poucas as situações em que basta você entrar no mercado e seguir a oferta de empregos, conseguir trabalho e ser feliz pelo resto da vida. Não é assim que as coisas funcionam. Porém, muitos agem assim: entram no mercado e seguem as placas. Só que se você não se prepara, não ganha musculatura intelectual (não estuda ou não se interessa por aprender), as placas vão sempre apontar para o mesmo lugar. Você patina, não muda de fase, não cresce, não se promove. No entanto, diferentemente do que ocorria no passado, mesmo que fique numa única posição, essa pessoa ainda corre o risco de ser demitida por conta dos cortes abruptos e frequentes. Dependendo da idade (o mercado sempre é seletivo), ela poderá fazer entregas ou ser motorista de aplicativo. É o que está mais à mão.

Do ponto de vista econômico e estrutural, isso é uma ótima notícia. O sistema está resolvendo os seus impasses, oferecendo novas modalidades de emprego. Do ponto de vista pessoal, isso é péssimo, e não me surpreendo quando, nessas condições, jovens se sintam abandonados e sem a menor possibilidade ou condição de pensar num futuro diferente para suas vidas.

Mas isso não é tudo.

NÃO CORRER RISCOS POR MEDO DE SE LANÇAR

Vamos para um outro lado desse cenário. O medo de se lançar está muito associado à visão que temos daquilo que chamo de "padrão estético" do vencedor, essa figura de sucesso que o mercado tanto idolatra. A régua pela qual se define esse profissional é muito alta e utópica. Os caras que estão no topo são vistos pelo mercado como deuses. É o caso do Mark Zuckerberg (Facebook), Bill Gates (ex-Microsoft), Elon Musk (SpaceX), Jeff Bezos (Amazon), Carlos Slim (Carso), Richard Branson (Virgin), entre outros, no âmbito internacional. No caso brasileiro, destes aqui: Abílio Diniz (Globex), Alexandre Costa (Cacau Show), Antônio Alberto Saraiva (Habib's), Luiza Helena Trajano (Magalu), entre mais alguns que, de fato, são espetaculares, fizeram e fazem coisas incríveis e nos surpreendem o tempo todo, tanto do ponto de vista da inovação quanto do jeito de fazer negócios.

Mas será que eles servem de modelo para você?

Vamos virar o disco por um momento. Você já pensou em como foram construídas algumas das grandes empresas chinesas que estão arrebentando hoje no mundo? Três delas estão entre as dez maiores empresas do planeta: Avic (setor de aviação), Norinco e Casic (setor aeroespacial). Elas não são muito conhecidas. Talvez você já tenha ouvido falar na Alibaba e na Huawei. Mas como essas empresas foram construídas, isso é pouquíssimo divulgado. Diferentemente dos modelos ocidentais (e de alguns exemplos japoneses e coreanos), as empresas chinesas têm forte participação do Estado, embora não se descarte a iniciativa empreendedora de cidadãos chineses. Quem são eles e como pensam, sem dúvida, é motivo de estudo e conhecimento. Em certos casos, estão muito mais alinhados do que nós com o que acontece no mundo. Têm estratégias verdadeiramente globais e falam uma língua que soa como grego para nós. Se você quer entender o mundo, será que faz sentido ignorar esses caras?

É difícil sustentar que os chineses, e apenas eles, têm a chave desse cofre chamado "expansão global". Não, eles não são os únicos. No entanto, suas práticas não podem mais ser ignoradas. Não faz muito tempo, empresas chinesas vêm recebendo inúmeras sanções norte-americanas por representarem uma ameaça real à hegemonia dos Estados Unidos no mercado global. É claro que isso não é declarado oficialmente, mas o objetivo da maioria dessas ações é barrar a expansão chinesa. O que é mais que uma contradição em termos, na medida em que muitas dessas empresas chinesas são dirigidas por executivos americanos, europeus e até brasileiros.

Se você quer entender o mundo, precisa, também, entender o que acontece com as empresas chinesas.

Voltando. Sei que muitos dos empreendedores ocidentais são ícones contemporâneos, são estudados, seus feitos são paradigmáticos, suas trajetórias são inspiradoras, mas faz sentido tê-los como padrão de comportamento? Você, que acabou de entrar num MBA ou que está terminando o seu curso de Administração ou, ainda, o Ensino Médio, enfim, que está buscando resolver sua vida, construindo metas e desenhando algumas perspectivas para o próprio futuro, será que não está se inspirando num supermodelo que, por definição, é impossível de ser alcançado?

Sim, a rigor, é claro que é possível que você ou algum amigo seu venha a ser um superempresário como esses que mencionei. Mas a possibilidade é remota.

Entretanto, entenda que não é isso o que interessa ser dito aqui, se é ou não possível ser um desses "super-heróis" do mercado. A questão é saber o quanto você vai conseguir realizar o seu propósito, por você mesmo, com as próprias forças, dentro da sua realidade – e não dentro da realidade de um Steve Jobs, de um George Soros ou de um Warren Buffett, que são apenas ícones, gente que teve uma baita ideia num certo momento e em um determinado país, os Estados Unidos, por exemplo, deram muito certo, e logo foram cooptados pelo próprio sistema que faz as coisas acontecerem em escala mundial.

Quando digo ícones, super-heróis ou os defino como superexecutivos, estou querendo chamar sua atenção para o fato de que essas pessoas são, hoje, apenas símbolos. E por mais que as respeite, o fato é que seus negócios já nem precisam mais delas, a não ser de sua imagem. O que o mercado busca todos os dias são indivíduos talentosos que podem contribuir para o crescimento e desenvolvimento de suas empresas. É nessa faixa que você pode se dar bem – desde que comece a planejar sua carreira e trajetória, aprenda o máximo que puder, ouse e desafie as leis da gravidade do mundo empresarial.

Se ficar usando a régua do padrão estético dos grandes vencedores, o medo de se lançar vai engolir você. Essa régua, o modelo desses caras, é tão desproporcional ao que lhe cerca na realidade que você pode até perder a autoconfiança. Você vai a uma entrevista "vestido" mentalmente de Mark Zuckerberg e fica tentando adivinhar, como se fosse ele, o que ele faria nessa entrevista. Nessa situação, imaginando-se idealmente como algum desses superempresários ou executivos, o melhor que você faz é se calar, já que sua realidade não é compatível com a desses caras. No entanto, você precisa (quer dizer, você *acha* que precisa e o mercado *acha* que você deve) se comportar daquela maneira, sem autenticidade, sem espontaneidade, ou seja, sendo ou construindo um personagem que não tem nada a ver com você.

Aonde é que você acha que vai chegar sendo outra pessoa que não você mesmo?

Pense comigo: num planeta com 7 bilhões de pessoas, quantos superempresários inovadores você conhece? Quantos unicórnios (startups que valem mais de 1 bilhão de dólares) você conta na sua vizinhança, no seu bairro, na sua cidade?

Lembre-se dos chineses...

Você não pode ter medo de se lançar, não pode perder sua autoconfiança. O movimento tem de ser seu, é você quem vai provocá-lo. Você não pode ficar à mercê da maré, pois é o único responsável por suas escolhas. O *não*, por ser quem é, você já tem. Se você não fizer nada, não sair do lugar, nada vai acontecer. Portanto, lance-se, prepare-se, comece a desenhar onde e como é esse lugar no qual quer chegar. Aceite que esse é um processo construído. Erros fazem parte do caminhar. Erros são oportunidades de aprender. Uma sucessão de erros aprendidos leva a uma grande conquista.

O *não*, como disse, você já tem. Você precisa saber lidar com ele, todos os dias, o tempo todo. O *não* está em toda parte, nas dificuldades que temos de superar, nas tarefas que precisamos fazer, no tempo que pressiona, nos resultados que demoram a aparecer. O seu papel é se desfazer desses *nãos*, encontrar as oportunidades que se escondem ou se camuflam por trás deles. E só há um caminho para isso.

Se você não estiver conectado consigo mesmo, não vai saber quais são as suas armas (suas habilidades, seus diferenciais). São esses insumos que você precisa usar a seu favor para ir à luta. Se fizer isso, vai conseguir superar suas fraquezas e tornar ainda mais fortes sua determinação e visão.

APRENDA A LIDAR COM FRUSTRAÇÕES

Essa é uma novidade dos tempos atuais: dificuldade em lidar com frustrações. É algo que, me parece, está mais ligado à educação, ao estilo de vida e, de várias formas, ao modo como os jovens são educados hoje em dia. No passado, as frustrações eram mais aceitas, às vezes até de maneira mais definitiva. A pessoa acreditava que as coisas eram daquele jeito e se conformava. Ou, quando educadas, os pais diziam que era daquela forma que tudo acontecia e ponto, a questão estava resolvida – de fato, encerrada. Pouco se discutia, e as alternativas de protesto eram poucas e precárias. Não era bom, claro. Quando você se deixa definir por algo que o frustra, isso vai acarretar problemas; você fica preso nesse sentimento. Por exemplo, se deseja muito uma determinada promoção, é complicado compatibilizar esse desejo com o tempo necessário de estudo e preparação para conquistá-la – e a dificuldade fica ainda maior quando unimos o fator tempo ao imediatismo em que vivemos hoje. Em várias situações, é o que se verifica: a ansiedade tomando conta e, obviamente, frustrando vontades e desejos. Como lidar com isso?

Esse é um traço muito característico da geração atual. Presente, principalmente, em jovens educados dentro de um ambiente econômico e socialmente estável. Raramente são expostos a grandes dificuldades ou desafios – ou, quando isso é inevitável, contam com uma rede de apoio e proteção que os socorre nas primeiras horas de angústia. Isso, evidentemente, não é ruim. O problema é que acaba retardando o seu amadurecimento. Os jovens atuais, nessas condições, levam mais tempo para crescer.

A questão não se resume em aceitar ou não aceitar suas frustrações. Não é disso que se trata. Quando você se frustra, aceitando ou não, ficará frustrado. A questão é: como lidar com isso? Uma frustração não pode paralisá-lo nem fazê-lo espernear. É importante refletir por que isso está acontecendo – e isso é diferente de aceitar ou não. A diferença é sutil. Quando aceita (como ocorria no passado), você se conforma, se reduz, passa a acreditar que a vida é daquele jeito, como o seu pai ou responsável talvez tenha dito. Se você tenta lidar com essa frustração, isto é, se tenta compreender o que o está impedindo de alcançar o que quer, a situação muda. Pode ser que você não esteja suficientemente preparado, talvez esteja indo na direção errada ou, quem sabe, esteja dando importância demais a alguma coisa que não fará muita diferença em sua vida. Lidar é tentar compreender – e isto é muito mais, e melhor, que simplesmente aceitar ou espernear inutilmente.

O ponto-chave para lidar com frustrações é reconhecer que você não pode ou não consegue ter tudo o que quer, do jeito que quer e na hora que quer. As combinações são inúmeras e concorrem entre si. Vencer uma frustração implica estar preparado, reconhecer uma necessidade e saber a hora certa de aproveitar a ocasião. O antídoto é este: ter paciência e saber esperar.

Voltando ao caso dos megaempresários: você quer entrar numa dessas superempresas como Google, Cielo, Ambev, porque acha que merece, porque acredita que tem condições, porque essas são as empresas do futuro. Enfim, seja lá por que razão for, você quer a todo custo fazer parte de uma companhia dessas e não vai aceitar nada diferente de ser admitido numa delas. Digamos que você não conseguiu ser recrutado, nem sequer passou na primeira fase das entrevistas. O que você faz?

- Questiona o resultado?
- Questiona os procedimentos?
- Desconfia das avaliações?
- Acha que faltou sorte?
- Tenta de novo?

Certamente, você já deve ter passado por situações assim. Será que você se lembra de alguma? Se for o caso, descreva a seguir como reagiu, como escapou da frustração ou como deu a volta por cima.

_____

_____

_____

_____

_____

Note que todas essas alternativas são possíveis. Tudo bem você lutar pelo que quer. Mas é importante entender o contexto em que essas coisas acontecem. Por exemplo, no caso de algo dar errado:

- Será que aquele era o melhor momento para as coisas acontecerem, daquele jeito, na sua vida?
- Será que você chegou a dar uma olhada nas suas qualificações?
- O que o fez acreditar que merecia tanto estar naquela empresa?
- Se você se acha tão bom assim, por que visou apenas empresas como essas?
- Você já pensou na hipótese de buscar, digamos, algo mais simples, na mesma direção, e aos poucos ir aumentando os seus desafios – à medida em que incrementa sua formação e preparo?
- Em vez de uma empresa do futuro, que tal uma empresa do presente, um negócio em dificuldades, tentando se reerguer, uma startup em uma área que você nunca imaginou?

Às vezes, ocorre o contrário. A pessoa não é aceita, e aquilo a marca de tal modo que ela acaba desistindo por completo de tentar algo novo.

As causas disso estão em várias partes e têm a ver, como disse, com a educação que recebemos como filhos e damos como pais. Hoje, como você pode perceber, os pais são, a meu ver, excessivamente permissivos, ao ponto de afastarem da criança a ideia de que o mundo, pelo menos de vez quando, também diz não. Esse é o *não* com o qual temos de aprender a lidar. Se isso está fora do nosso horizonte, toda vez que nos depararmos como um *não*, que é também uma forma de aprender, vamos lidar com ele da pior maneira possível, que é justamente não aceitar que às vezes aquela era a melhor resposta que poderíamos obter no momento e para o nosso bem. Afinal, o não você já tem. A briga agora se concentra na busca pelo sim.

Frustrar-se e ouvir *nãos* são oportunidades de aprendizado e crescimento. Quanto mais imaturos formos, de um ponto de vista emocional, mais dificuldades teremos em lidar com isso. Do nosso ponto de vista, crianças e adolescentes deveriam cada vez mais ser ensinados a lidar com *nãos*, trabalhar suas frustrações, aprender a administrar *esperas*, desenvolver a capacidade de ter paciência e, assim, ser resilientes. Tudo isso é parte do aprendizado do indivíduo, tem a ver com inteligência emocional e maturidade. É o que nos fortalece, além de acelerar o nosso desenvolvimento.

Agora, temos de reconhecer que o mercado e a sociedade pouco contribuem para esse desenvolvimento, digamos, mais saudável do ser humano. A começar pelos modelos e inspirações a nós apresentados, que são irreais, no sentido de que estão longe de nossa realidade. Celebridades, no setor do entretenimento, por exemplo, ou os tais superexecutivos, no caso do mercado, acabam tendo sobre os jovens um efeito contrário ao supostamente imaginado: esses modelos enfraquecem sua autoestima, os fazem se sentir *incapazes* em relação a suas forças, inibem sua capacidade de conquista, porque dificilmente vão conseguir realizar as proezas desses seres. Pelos feitos e exposição desses "astros", jovens são estimulados a seguir esses passos se quiserem realizar seus sonhos e ser felizes na vida. É o tal problema da distorção da régua e da estética-modelo dos megaempresários e grandes executivos, os quais se estabelecem como regra ou padrão de comportamento.

Outra forma de pensar esse problema da frustração tem a ver com uma sincronia que o jovem acaba deixando de ter, muito por conta de sua ansiedade, que nessa fase da vida, eu sei, é bastante alta. Por exemplo, o retrato da vida que você leva hoje é fruto do que *você é*, do que *você tem* e de onde você *quer estar* ou do que *quer fazer* amanhã, tudo isso diluído numa escala de tempo. Vamos ser pragmáticos: se você ganha R$ 2.000,00 ou R$ 5.000,00 por mês, sua vida material tem de ser compatível com essa renda, na qual você deve incluir algum investimento para projetos futuros. Sim, eu sei que às vezes não sobra nada, o orçamento é apertado e de fato não é nada fácil fazer isso. Mas, veja, eu mencionei um aspecto importante: escala de tempo. As dificuldades (e sempre são muitas) têm de ser diluídas ou amenizadas, em conjunto com o que ocorre de favorável, numa escala de tempo. Se você ganha R$ 2.000,00 ou R$ 5.000,00, sua realidade material não pode ser compatível com os ganhos que você vai ter no futuro. Se age ou vive como se fosse um alto executivo, sendo alguém que ainda está se preparando para sê-lo, o seu nível de frustração será enorme, você vai se impacientar, se irritar e, no limite, até perder o foco daquilo que está buscando ser/fazer.

Esse é um exemplo de como não saber lidar com frustrações. Nesse caso, o que está forçando a barra é a sua ansiedade. Você precisa trazê-la para níveis administráveis. Ter ansiedade, em si, não é algo ruim; o problema é quando você só é movido por ela. Quando passa a viver de acordo com o seu rendimento, sejam R$ 2.000,00 ou R$ 5.000,00, você elimina a ansiedade tóxica da sua vida, passa a focar mais os seus objetivos e estrutura o seu projeto de vida por conteúdos, e não por aparências.

Viver de acordo com o seu salário ou estudar muito para entrar numa boa companhia são decisões que devem ser consideradas. Ansiedade e frustrações são parte do processo. É preciso dosar e administrar isso. Você precisa conhecer bem o caminho que quer percorrer. Não se fie apenas em informações superficiais, mentirosas e sensacionalistas, que muitos repetem e que estão nas capas de todos os sites de notícia. Há muito mais coisas por baixo desse manto imediatista de notícias e informação. O mergulho é necessário, e você precisa ir fundo para poder emergir com força, propósito e conhecimento.

Sempre que possível, passeie por outras rotas. Não fique apenas no Facebook ou Instagram. Existem outras mídias e plataformas. Vá ao Twitter, conheça o Tumblr, o Reddit. Há inúmeras alternativas de redes, muitas delas segmentadas, dirigidas a interesses ou conhecimentos específicos – e certamente você encontrará muito conteúdo por esses passeios, algo com que se identifique. O principal, porém, é diversificar, acompanhar o que acontece por diferentes ângulos, perspectivas e redes.

Não quero ser estraga-prazeres, mas nem todo mundo vai conseguir ser CEO – ou presidente, diretor-geral, como quiser. Por mais absurdo que isso possa parecer, esse é um desejo recorrente, motivo, às vezes, de disputas em várias empresas e projetos, em que predomina a sensação de que há mais caciques do que índios. Esse é um aspecto bem pragmático: simplesmente não dá para isso acontecer. Primeiro, porque seria um absurdo pensar uma empresa com cem, duzentos CEOs. E, segundo, não faz sentido imaginar uma carreira ou trajetória que se estruture pelo desejo puro e simples de se chegar ao topo do comando de um empreendimento. No mercado para valer, as coisas acontecem muito mais de acordo com a competência e qualidade dos gestores do que com o desejo caprichoso de um eventual aventureiro (embora isso possa vez ou outra ocorrer, mas numa escala bem menor). O que conta é o que esses caras concretizam, isto é, aquilo que idealizam e conseguem realizar. Eles são pagos para isso e fazem exatamente o que as empresas esperam deles. Se no meio do caminho aparece um espaço para o exercício de uma competência como a de CEO, isso ocorre como consequência de uma trajetória que se caracteriza por larga experiência e conhecimento, e não pelo desejo de infância de se querer ser, um dia, presidente de empresa. Ser CEO, nos dias de hoje, tem muito mais a ver com um posicionamento estratégico do negócio, dentro de uma minuciosa confluência circunstancial de talentos, que com uma condição hierárquica, no sentido de postos galgados por um funcionário ao longo de vários anos de carreira. Sem contar que é a posição que mais sofre pressão numa organização. A cobrança por resultados é massacrante, as reuniões com acionistas ou conselheiros são inquisitoriais, e o sujeito ainda tem que manter o brio e o amor-próprio acima de tudo, o que só faz sentido se ele for bom, mas muito bom mesmo, no que faz.

O CEO costuma ser um homem de ferro.

Qualquer um pode querer ser um CEO, mas não é um lugar para todos.

Além do mais, não é o que mais importa numa trajetória.

A VIDA É MUITO MAIS SIMPLES DO QUE OS JOVENS ESTÃO VENDO

Apesar de o mundo estar mudando radicalmente o modo de fazer as coisas, isso não significa que as coisas antigas não vão mais funcionar. Há espaço para tudo isso; para não dizer que existe muito espaço para tudo o que funciona de verdade. Será que a vida é mesmo complicada? Desde cedo, pela minha história e também pelo esporte, aprendi que eu sou responsável pela minha vida. Se algo der errado, a responsabilidade é minha. Eu fui sócio atleta de um clube bicampeão brasileiro júnior com 15 anos. Eu era uma máquina, queria muito ganhar e fazer as coisas darem certo. Quando eu perdia posições ou não ganhava uma prova, batia muito no convés do barco, como já mencionei, e fazia isso como se estivesse batendo em mim mesmo. No fundo, era isso o que estava fazendo. Eu me repreendia, me punia, e após isso vinha toda uma consciência de que as coisas não haviam acontecido do jeito que eu queria, porque, naquele momento, *eu* não havia me empenhado o suficiente ou por alguma outra razão que me fez perder o foco e, por conseguinte, o controle, me impedindo de tirar o melhor rendimento do barco. Quando faz isso, você simplifica as coisas, quer dizer, põe as coisas no lugar. Quando cada coisa encontra o seu lugar, não há necessidade de fazer projeções de culpa nem de transferir aquilo que só diz respeito a você mesmo, que é justamente a sua competência ou ineficácia. Quando você põe na mesa os seus dados, as questões técnicas, conta a sua história para si mesmo, olha de maneira objetiva os fatos, assumindo suas responsabilidades e reconhecendo erros e acertos da forma mais honesta possível, você dá um salto.

Era mais ou menos isso que eu fazia quando garoto, depois dos treinos na modalidade Laser. E aprendi isso assistindo a uma palestra de um campeão americano, no Rio de Janeiro. O cara era um dos melhores do mundo, e ouvi-lo seria importante para o que eu fazia naquele momento. Tanto que o esforço que fiz para assistir à palestra foi gigantesco. Eu estudava num colégio interno católico e tive de pedir autorização para o meu pai e para o padre diretor da instituição, explicando por que aquela palestra era importante. Eu estava indo atrás do que queria, tentando aprender mais sobre o que fazia. E foi nessa palestra

"NO MERCADO PARA VALER, AS COISAS ACONTECEM MUITO MAIS DE ACORDO COM A COMPETÊNCIA E QUALIDADE DOS GESTORES DO QUE COM O DESEJO CAPRICHOSO DE UM EVENTUAL AVENTUREIRO (EMBORA ISSO POSSA VEZ OU OUTRA OCORRER, MAS NUMA ESCALA BEM MENOR)."

que esse campeão contou a importância de se fazer um registro (*log*)[19] minucioso de tudo o que acontece nos treinos e nas competições. Nesse registro, ele falava das condições do tempo, do mar, dos momentos em que o atleta errou, dos que acertou, de sua motivação etc. Quando você tem esse retrato do que se passou, consegue visualizar tudo o que aconteceu, e isso permite que ajuste ou trabalhe os pontos que precisam de reforço ou evite outros que estão dificultando a sua navegação.

Isso deve ser feito da maneira mais simples possível, e eu recomendo fortemente que você deixe o seu celular de lado, desligue o computador e escreva num papel o que de fato aconteceu nas suas experiências (se não gostar, apague ou amasse o papel, jogue-o fora e escreva de novo). Se você passar por uma entrevista de emprego, por exemplo, faça depois um relato de como foram as coisas na sua percepção. Escreva quais eram suas expectativas, como expressou suas opiniões, como foi a reação do entrevistador, enfim, faça um apanhado minucioso de como tudo ocorreu, para que possa ir ajustando ou reformulando o que funcionou e o que deve ser evitado. Faça isso em relação a outras atividades e áreas. Cursos, provas, aquisições, projetos etc. À medida que faz esses registros, você desenvolve o seu autoconhecimento, o que lhe permitirá ter uma noção mais precisa do que está buscando, de como as coisas funcionam, de modo que a vida comece a ser mais claramente compreendida. Resumindo: saber de fato quem é você!

A vida não é complicada se você assume as suas responsabilidades e entende por que as coisas estão acontecendo de determinada maneira.

De outra forma, ela se torna bem mais complexa se você não faz nada, não toma uma atitude, não se dispõe a correr riscos.

RECONHEÇA E ASSUMA A SUA CARACTERÍSTICA PRINCIPAL E APRENDA A USÁ-LA A SEU FAVOR

Quando você escreve sobre *quem é você* e sobre *o que quer* e junta esses relatos com o *log* das atividades que faz, começa a perceber o

---

[19] Em computação, um registro de *log* coleta dados do sistema com o objetivo de identificar possíveis erros ou falhas. (N.E.)

quanto está bem (ou mal) na foto que está fazendo de si mesmo. Isto é: quão próximo está do lugar que quer alcançar ou o que você precisa fazer para ser feliz ou se realizar. Reconhecer quem você é e quais são as suas características e armas é o fator que vai permitir construir os seus diferenciais. Reconhecer é importante, mas não é suficiente. Você precisa assumir suas características, justamente para que possa usá-las a seu favor, vivendo do jeito que realmente é.

Um ponto para ficar claro: o *log* (ou registro) é a descrição pontual das suas atividades e, também, a sua avaliação em relação a elas, isto é, como você se saiu ou como vem se saindo em determinada área ou tarefa. É importante que você faça esse registro de tempos em tempos, isto é, com alguma frequência e regularidade, justamente para ter ideia da evolução que teve ao longo de sua trajetória. Já o inventário ampliará essa análise, avaliando o sentido ou as razões de fazer o que você faz.

A seguir, deixo registradas algumas sugestões para o seu inventário.

Pergunte por quê. O propósito dessa pergunta é fazê-lo entender melhor quem você realmente é. Se entende *quem é*, você começa a dar sentido a suas ações – e, da mesma forma, começa a evitar ou abandonar outras que não encontram correspondência na sua personalidade. É claro que você nunca vai conseguir saber tudo sobre si mesmo – ninguém consegue isso! O importante é que você tenha pelo menos uma ideia ou uma explicação básica que o ajude a seguir na própria trilha.

O que você quer fazer? Dois pontos aqui. 1) Se você tem algumas ideias sobre o que quer fazer, já é um bom caminho. O que você precisa agora é experimentar algumas delas e ver o quanto essas ideias se conectam com o que você é. De longe, tendemos a ter uma visão meio romântica ou glamourizada de certas atividades. E nem sempre elas caem bem em nossa vida. O jeito aqui é experimentar, quando for possível. E conhecer, se informar, colher o máximo de dados para tentar formar uma ideia mais clara do que está buscando. 2) Mas e se você não sabe ainda o que quer? Bem, aqui não tem mágica nem milagre. Você precisa pesquisar nos próprios arquivos interiores e buscar momentos ou situações em que se sentiu bem fazendo algo. É nessas pistas ou pegadas que você poderá encontrar algum caminho. Depois, experimentar, estudar, conhecer, conversar com as pessoas até que tenha alguma clareza sobre o que quer fazer. Quando isto estiver claro, volte ao ponto 1.

Inspirar-se ou não? Os modelos sempre são interessantes, e podemos aprender bastante com eles. Mas você só vai se realizar se conseguir transcendê-los. Isso não quer dizer que você vai ter que ser melhor que os próprios modelos. Quer dizer apenas que você precisa ser muito bom sendo do jeito que é. E isso é o mais difícil de tudo: ser muito bom no que você é. As pessoas estão um pouco cansadas de espelhos, cópias, imitações. O que falta – e o que faz, mais do que nunca, diferença (em qualquer área!) – é a originalidade do talento, que, resumindo, é ser bom no que você é, o que só é possível quando você mesmo se reconhece no que faz.

Um exemplo para botar em prática é o seguinte:

INVENTÁRIO

Quem é você?

_____
_____
_____

O que está buscando/o que quer fazer como carreira ou empreendimento?

_____
_____
_____

Quais habilidades ou competências permitem a você fazer essas escolhas?

_____
_____
_____
_____

O que você precisa melhorar ou incrementar em sua formação para se sentir plenamente apto a atuar nessa área/setor?

_____
_____
_____
_____

LOG I
REGISTROS PONTUAIS (PARA USAR EM SITUAÇÕES CONCRETAS E ESPECÍFICAS)

Meta: entrevista de emprego no(a)

_____

(Escreva o nome da empresa em que quer trabalhar.)

Por que você escolheu essa empresa?
☐ É a empresa de que eu gosto.
☐ Tem um plano de carreira motivador.
☐ O ambiente de trabalho/a cultura é atraente.
☐ Outros _____.

(Faça as adaptações que julgar necessárias e fundamente suas escolhas.)

O que você quer fazer nessa empresa? Você consegue identificar alguma área ou função em que poderá fazer o que quer?

_____
_____
_____
_____
_____

Por quê?
_____
_____
_____
_____

Por que você escolheu fazer isso?
☐ Oportunidade de pôr em prática o que aprendi na faculdade.
☐ Chances de crescimento e aprendizado.
☐ Contato direto com pessoas/público etc.
☐ Outros _____.

Como você acha que se saiu na entrevista?
☐ Senti-me intimidado.
☐ Fui objetivo demais.
☐ Deixei de falar algo importante.
☐ Acrescentaria (ou não repetiria) algo.
☐ Outros _____.

Se você estivesse no lugar do seu entrevistador, contrataria alguém como você? Por quê? Seja sincero.

_____
_____
_____
_____
_____
_____
_____
_____

O que você pode melhorar?
☐ Postura.
☐ Aparência/gestual.
☐ Apresentação verbal.
☐ Outros _____.

LOG 2
REGISTROS PONTUAIS (PARA USAR EM SITUAÇÕES CONCRETAS E ESPECÍFICAS)

Meta: empreender (descreva a atividade)

_____

Por que você escolheu esta atividade?
☐ É o que gosto e sei fazer.
☐ É um negócio promissor, com amplas possibilidades de captação de investimento.
☐ Pelas ótimas perspectivas de crescimento.
☐ Outros _____.

(Faça as adaptações que julgar necessárias e fundamente suas escolhas.)

Como funcionará o seu negócio? Você consegue identificar a estrutura das áreas ou funções e como será sua gestão?

_____
_____
_____

Se você estivesse no lugar do um investidor, colocaria dinheiro no seu negócio? Seja sincero.

_____
_____
_____

(Faça as adaptações que julgar necessárias, ampliando ou ajustando as questões.)

"[...] RECOMENDO FORTEMENTE QUE VOCÊ DEIXE O SEU CELULAR DE LADO, DESLIGUE O COMPUTADOR E ESCREVA NUM PAPEL O QUE DE FATO ACONTECEU NAS SUAS EXPERIÊNCIAS [...]"

CAPÍTULO 03

A REALIDADE É O SEU GRANDE PALCO

AS REFERÊNCIAS ATÉ PODEM SER EXTERNAS, MAS O QUE CONTA É O *LOCAL*, O LUGAR ONDE VOCÊ APLICA O QUE SABE

Um equívoco comum dos jovens de hoje que se acreditam mais antenados que a maioria é acreditar que só existe um futuro pela frente, isto é, que o mundo vai em uma determinada direção, e que cedo ou tarde todos teremos de seguir esse caminho. Um exemplo: é quase unânime a crença de que os carros movidos a combustíveis fósseis estão com os dias contados. De fato, os veículos movidos a energia elétrica parecem ser uma realidade incontestável. Nos Estados Unidos, em países da Europa e no Japão, por exemplo, várias montadoras já se mobilizam e prometem grandes investimentos, a partir de 2022, nessa direção, o que inclui a adequação de plantas e o lançamento de modelos totalmente elétricos.[20] Se você analisa esses dados de uma perspectiva única, vai achar que o mundo é o mesmo para todos e que, daqui a uns poucos anos, todos estaremos andando em carros elétricos. O que acontece nesses casos? Muitos acabam desenhando estratégias para uma realidade em que as pessoas comprarão carros elétricos. Com esse pressuposto, produtos, serviços e até cursos são pensados e desenvolvidos para um ambiente que, por enquanto, só existe no exterior – em áreas ainda bastante restritas – e em publicações especializadas.

---

[20] VW INVESTIRÁ US$ 800 milhões nos EUA para produzir carros elétricos. **Automotive Business**, 14 jan. 2019. Disponível em: http://www.automotivebusiness.com.br/inovacao/311/vw-investira-us-800-milhoes-nos-eua-para-produzir-carros-eletricos. Acesso em: 24 out. 2020.

Em algumas escolas, cria-se um pensamento único, e certos grupos são tomados pelo "efeito manada", mencionado nos capítulos anteriores, quando todos começam a seguir uma única direção, um único pensamento, uma única visão.

É pouco provável que tenhamos uma frota exclusiva de veículos elétricos nos próximos anos. Só para ficar nesse exemplo, o fato é que, por mais verdadeira que seja a afirmação de que os carros movidos a combustíveis fósseis estão com os dias contados, essa é uma realidade bem distante do ambiente brasileiro. Por aqui, vamos ainda conviver por algumas décadas com as versões convencionais de veículos. Para se ter ideia da visão política que se tem no país, em 2019, a Comissão de Meio Ambiente do Senado Federal propôs discutir um projeto de lei que veda a comercialização e a circulação de veículos movidos a gasolina ou a óleo diesel apenas a partir de 2060! Caso isso venha a ser aprovado, teremos quarenta anos para abandonar de vez os veículos movidos a combustíveis fósseis.[21]

Isso não é só uma questão de atraso tecnológico. Fabricar carros elétricos pressupõe condições estruturais de que a nossa indústria, como um todo, ainda não dispõe. Faltam investimentos, mão de obra qualificada e demanda – esses carros ainda são caros. O Brasil está num outro patamar, com questões mais urgentes para resolver. Mas isso não quer dizer que você, enquanto jovem empreendedor, deva ignorar esse fato, deixando de avaliar o que vem por aí ou de se preparar e de dar atenção a essas *versões* do futuro. Claro que não! Porém, se você está no Brasil – ou na América Latina, de modo geral –, é preciso olhar o futuro sem perder de vista o presente, o ambiente local, compreendendo que mudanças estruturais são sempre mais lentas por aqui. Apesar de estarmos todos conectados, o fato é que o futuro acontece em diferentes tempos ao redor do planeta. E não só isso, em algumas de suas possibilidades cabem até certas versões do passado. Exemplo: quase ninguém mais precisa de um relógio de pulso para saber as horas. Apesar disso, relógios de pulso são

---

[21] RIBEIRO, F. Senado discute proibição de carros movidos a combustíveis fósseis para 2060. **CanalTech**, 7 out. 2019. Disponível em: https://canaltech.com.br/carros/senado-discute-proibicao-de-carros-movidos-a-combustiveis-fosseis-para-2060-151719/. Acesso em: 24 out. 2020.

artigos valorizados; a cada ano são lançados modelos mais sofisticados, alguns até adaptados ou modificados, com funções similares às encontradas em muitos smartphones. São objetos de luxo, têm valor estético e representam status. Chamam a isso de futuro *retrô*.

Em situações mais dramáticas, existem também funções ou profissões tecnicamente já extintas, mas que são preservadas ainda hoje por questões sociais. Os cobradores de ônibus urbanos, por exemplo. A despeito dos bilhetes eletrônicos, que prescindem de qualquer manuseio humano, os cobradores seguem nos coletivos meramente por uma questão trabalhista/social. O impacto de uma mudança como esta na cidade de São Paulo, por exemplo, atingiria 20 mil trabalhadores, que ficariam sem emprego de uma hora para outra.[22] O mesmo ocorre com frentistas em postos de gasolina (na França, por exemplo, no fim do século passado, a categoria chegou a fazer diversas greves para manutenção desses postos), vigias e outras profissões que só existem em razão de um quadro socioestrutural em desequilíbrio e em defasagem com os avanços da modernidade. Afinal, já há tecnologia suficiente para substituir o ser humano em tais funções. O problema, porém, é: o que fazer com eles? – algo que ainda não aprendemos.

É claro que isso não é uma questão para os jovens. Mas olhar para uma só possibilidade de futuro ou espelhar-se em realidades diferentes é restringir ou reduzir o espectro de possibilidades. O mundo tradicional ainda vai resistir por muito tempo. E o velho, até por conta de tanta tecnologia e novidade, acabará sendo repaginado (como no caso dos relógios e de outros objetos cuja única função, nos dias de hoje, é cumprir um papel estético). O que não impedirá, porém, a chegada de tecnologias como 5G, a automação das residências (internet das coisas em larga escala), *drones* inteligentes, veículos sem motoristas etc.

Minha dica: não olhe só para a frente; olhe para os lados, olhe para cima, olhe em todas as direções. Considere, sobretudo, o lugar em que você está atuando. Um mundo múltiplo exige proposições multitarefas.

---

[22] MONTESANTI, B. Qual o impacto do fim dos cobradores de ônibus, segundo estes 2 especialistas em transporte. **Nexo**, 12 abr. 2017. Disponível em: https://www.nexojornal.com.br/expresso/2017/04/12/Qual-o-impacto-do-fim-dos-cobradores-de-%-C3%B4nibus-segundo-estes-2-especialistas-em-transporte. Acesso em: 24 out. 2020.

TER UM PROPÓSITO OU ATENDER A UMA NECESSIDADE? RESPONDA SE FOR CAPAZ

Esses são pontos importantes e devem ser considerados, evidentemente, mas não são eles que vão pautar o seu propósito ou aquilo que você quer fazer. Você só começa a se preocupar com questões como essa quando caminha em uma direção mais próxima daquilo que está buscando. Isto é, quando alguma coisa ligada ao seu desejo começa a se configurar.

Como eu venho sugerindo, nem sempre um propósito é algo claro ou aparece na vida da pessoa como um *chamado* ou uma *revelação*. Essas são possibilidades raras. Na maior parte das vezes, vamos construindo esse propósito, reunindo informações, até o esboço de alguma atividade ou função que se apresente como decisiva em nossa vida. Isso pode levar alguns anos, às vezes algumas décadas. Por incrível que pareça, o mais importante nem é tanto chegar lá, mas se encaminhar para este lugar que você deseja alcançar, estar *a caminho*, ir construindo esse propósito ao longo do percurso.

Aqui, aparece um dos muitos dilemas que você enfrentará na vida: conciliar o que gosta de fazer ou o que quer (dentro da ideia de propósito) com a necessidade de ter um trabalho e de ganhar algum dinheiro para sobreviver. Isso é possível? Sob quais condições?

De novo, poucos são os que tiram a sorte grande e ingressam logo de cara na empresa dos sonhos – a empresa que tem uma proposta ou missão sintonizada com a ideia de propósito do jovem admitido. Isto é, que seja um lugar moderno, alinhado aos valores e crenças pessoais, e que esse jovem *possa chamar de seu* com todas as letras!

"Mas que lugar é este, afinal?", talvez você me pergunte. É um lugar onde o trabalho se assemelha a uma brincadeira. Um lugar em que você faz as coisas como se estivesse brincando – no sentido de ter prazer em fazer, em se sentir desafiado; um lugar no qual, quando você se levanta de manhã, não vê a hora de chegar e começar a... *brincar*!

Brincar tem um sentido lúdico, desafiador, com efeitos altamente gratificantes. Bem na linha do que faz uma criança quando tem uma missão (uma brincadeira) para cumprir. Para uma criança, não existe nada mais sério que uma brincadeira. Quando você se dedica a fazer o que faz com esse mesmo nível de empenho, estará se divertindo, obtendo o máximo prazer e, consequentemente, grandes resultados.

Eu trabalhei a minha vida inteira assim, me desafiando, me divertindo, querendo fazer as coisas. Tinha dias em que eu voltava para casa meio chateado, depois de um expediente difícil, complicado, mas se me perguntassem se queria ir para a praia no dia seguinte, descansar, passear, minha resposta era uma só: não, eu queria voltar, retomar tudo, experimentar novas ideias, aprofundar questões, buscar soluções e continuar no caminho.

Você pode conseguir isso numa empresa. Mas hoje é muito mais provável que atinja esse nível como empreendedor, que é esse cara que está dentro de você, que quer sair, conquistar o mundo, fazer coisas, descobrir novos jeitos de pensar e criar.

Solte esse monstro que está dentro de você!

Se você se dispõe a correr riscos maiores, quer se sentir livre e tem aquela fome que eu mencionei anteriormente, empreender é o seu remédio; precisa soltar as amarras, mergulhar profundamente naquilo que quer fazer, estudar o máximo que for possível e dar o grande salto. É claro que as coisas não vão acontecer da noite para o dia, mas, se esse é o seu caminho, não o perca de vista.

Empreender, hoje, é uma alternativa viável e está ao alcance de qualquer um que se permita experimentar coisas novas. Para alguns, essa é uma opção única quando não há mais espaço para crescer numa empresa ou quando a pessoa percebe que nunca conseguirá se realizar se não se lançar em algum projeto maior, mais ambicioso. Para outros, empreender é uma ideia que deve ser cultivada, amadurecida e, na medida do possível, experimentada.

Se esse é o seu caso, parabéns! Vamos falar mais disso à frente.

Para a imensa maioria, porém, o paraíso é um pouco mais distante. Apesar de sonhos e necessidades andarem juntos, são as necessidades, em primeiro lugar, que acabam sendo atendidas. As escolhas são mínimas, e num momento como o que vivemos hoje no país fica-se à mercê daquilo que aparece, do emprego ou vaga disponível, pouco importa a qualidade da companhia, do cargo ou o quão longe ele está do seu propósito. O problema é que entrar numa empresa nova é como dar um pulo no escuro – você nunca sabe exatamente o que vai encontrar pela frente. Quando não temos alternativa, nosso nível de vulnerabilidade cresce; por ser um cenário possível, você deve considerá-lo e se preparar para ele, até porque, no curto prazo, você não tem opção.

O que não significa dizer que se deve desistir. Ao contrário, é preciso seguir em frente, seguir construindo o seu sonho ao longo do caminho, experimentando e aprendendo o que for possível nessa situação, até para que possa criar melhores condições para um possível salto lá na frente.

Eu passei por situações em que tudo isso aconteceu. Precisava sair do controle do meu pai, o que implicava viver por conta própria ou pelo menos dar conta de minhas despesas, tanto quanto descobrir o que queria fazer. Afinal, qual era o meu propósito? Eu trabalhei como estagiário no escritório de advocacia do meu avô com 17 anos ganhando um salário mínimo. Logo percebi que as atividades do escritório não me interessavam, eram muito burocráticas, e eu queria algo diferente; resumindo, eu queria *algo mais*. Lembro-me de quando meu avô faleceu. Depois de algum tempo, fui me sentar na mesa dele com a ideia de tocar aquele negócio. Era uma representação, uma manifestação do desejo de um garoto que queria fazer grandes coisas na vida. Meu tio, que também trabalhava ali, carinhosamente conversou comigo e me explicou que as coisas não eram bem assim. Mas, naquele momento, lembro que poderia ter sido o que quisesses: advogado (afinal, já trabalhava num escritório de advocacia), engenheiro (tinha acabado de entrar na faculdade de Engenharia), velejador internacional (já havia sido campeão na classe Laser), enfim, qualquer coisa que quisesse estaria ao meu alcance se me dedicasse a ela. Isso não é diferente do que acontece com os jovens hoje em dia. Eles podem ser o que quiserem se acreditarem que são capazes e dispuserem-se a fazer todo o percurso para chegar ao lugar que almejam. Aquele *quero mais* que eu desejava, fruto de uma insatisfação circunstancial e da busca por algo diferente, me levou a fazer estágio num escritório na zona sul do Rio de Janeiro que funcionava como centro administrativo de uma fábrica têxtil localizada em São João del-Rey (MG). Foi uma experiência importante, e me saí muito bem nela. Eu fazia planilhas de custo para aqueles teares Sulzer, que eram máquinas usadas na fabricação de tecidos, e para as quais eu fazia cálculos complexos, embora não entendesse quase nada do setor, usando meu senso matemático e minha determinação natural de resolver problemas. Nessa época, eu já havia entrado no curso de Engenharia, o que me ajudou, de alguma forma, nesse estágio. Mas logo percebi que aquilo também não era para mim, estava longe do que buscava –, nem por isso deixei de aproveitar aquela oportunidade.

Nesse meio-tempo, tentando encontrar o que eu queria fazer ou no que estava interessado, fiz o curso de Gerência de Marketing na Escola Superior de Propaganda e Marketing (ESPM) do Rio de Janeiro. A partir daquele dia, decidi que queria trabalhar nessa área. Marketing, na época, era um conceito bem mais amplo e bem diferente do que conhecemos hoje; era uma grande vitrine de operações e contemplava várias modalidades de estratégias empresariais, incluindo ações de venda, adequação de oferta, fórmulas de indução ou influência, publicidade e propaganda, entre mil outras coisas. Hoje, esse campo está bem mais segmentado, com especializações em diversas frentes. Mas naquela época falávamos de propaganda pura, o que englobava uma série de práticas. De minha parte, eu estava muito mais ligado às questões que envolviam o consumidor, isto é, entender o seu comportamento, como satisfazê-lo, aspectos que estavam no foco do meu curso. Foi, aliás, um desses enfoques, o contato com o consumidor, que me levou a trabalhar na Mesbla e a conhecer o mundo do varejo.

Veja que nesse percurso inicial eu não mencionei a palavra *propósito*, o que não significa dizer que eu não tivesse um. O fato é que eu não tinha muito claro o que estava buscando, mas fui experimentando, testando e tentando perceber o que fazia sentido para mim. No escritório do meu avô, sem clareza alguma do que era propósito ou do que estava buscando, percebi claramente que aquele lugar, aquela atividade, estava fora do meu interesse. Tão importante quanto saber o que você quer é saber o que você *não quer*. Às vezes, essa informação não é clara, mas se você se põe a procurá-la, vai juntando peças, pistas, vai vendo o que faz sentido, o que funciona, com quais formas ou ferramentas se dá melhor. Enfim, você vai construindo o próprio percurso, mais ou menos como está naquela frase: o caminho se faz ao caminhar. No limite, você descobre o seu propósito.

"SE VOCÊ SE DISPÕE A CORRER RISCOS MAIORES, QUER SE SENTIR LIVRE E TEM AQUELA FOME QUE EU MENCIONEI ANTERIORMENTE, EMPREENDER É O SEU REMÉDIO; PRECISA SOLTAR AS AMARRAS, MERGULHAR PROFUNDAMENTE NAQUILO QUE QUER FAZER, ESTUDAR O MÁXIMO QUE FOR POSSÍVEL E DAR O GRANDE SALTO."

Naquela época, eu poderia fazer ou ter sido o que quisesse. Eu já havia sido duas vezes campeão nacional, portanto poderia *cruzar* barcos dos Estados Unidos para o Brasil e do Brasil para a Europa; enfim, poderia ter sido um desses caras, por exemplo. Ou poderia ter arranjado uma representação de materiais náuticos, que na época era uma área muito incipiente e pouco explorada no país, pois de alguma forma isso se aproximava um pouco daquilo que eu gostava e queria fazer.

No entanto, segui outro caminho. Basicamente, pela seguinte razão: eu era (acho que sempre fui) um generalista, bem naquele sentido em que se diz que um generalista é: alguém que entende de tudo um pouco, isto é, uma pessoa com uma visão de todo o processo das coisas. Esse era o meu caso quando falava de barcos. Eu entendia de motor, sabia bem como funcionavam as competições e conhecia com bastante profundidade as questões ligadas à vela e a ao ato de velejar. Essa, aliás, era uma área em que eu sempre soube que era muito bom. No restante, eu era médio, tinha algumas noções e ficava aprendendo o tempo inteiro. Tanto que, quando já ocupava cargos de direção em empresas, cheguei uma vez a dizer que me considerava um velejador muito melhor do que o CEO que era. Acho que as pessoas não acreditaram muito nisso, porque essa foi a principal função que exerci na vida. Mas eu fazia essa afirmação, porque velejar era uma atividade pela qual eu me apaixonei e que serviu de pedra fundamental para a minha vida. Talvez como analogia, tudo o que aprendi e fiz velejando pude aplicar na minha vida. Quando você tem um modelo que sabe que funciona, você tem mais confiança de fazer as coisas. Talvez você não consiga se realizar nisso, como no meu caso, mas tudo o que aprendi me permitiu atuar na vida e nas empresas que dirigi como se velejasse. Dias bons pela frente? Claro. Dias complicados? Sem dúvida. Quando você escolhe fazer o que gosta, isso não significa que tudo será fácil. O importante é seguir, acreditar, ir em frente.

Pois bem, você então talvez me pergunte: se eu tinha essa convicção em relação ao quão bom eu era em fazer o que fazia, já estava no meio como velejador, por que então não segui em frente, não investi mais nisso? Bem, eu treinava bastante e, embora não ganhasse todas as regatas (até porque estatisticamente isso é muito difícil), pelas minhas características, eu sempre ficava entre os primeiros, às vezes em terceiro ou quarto lugar, com uma pontuação média muito alta. Desde garoto, sempre tive um desempenho nesse nível. Na vela, é muito comum você fazer parte de um grupo. Existem vários grupos, com competidores com os quais você convive intensamente durante as competições e nos treinos também. O fato é que, num determinado momento – estávamos em média com 17 anos cada um –, os membros do grupo começaram a se desgarrar. Alguns buscaram uma outra carreira (a vela era só um hobby para eles), outros entraram na universidade e seguiram diferentes caminhos, de modo que aquilo quebrou um pouco, digamos assim, a coesão que havia no grupo, aquilo que fazia com que trocássemos impressões, experiências a partir das nossas disputas internas. Enfim, o grupo esfriou. Além disso, eu cometi um erro. Eu tinha uma determinada quantia que me permitiria tomar uma decisão na escolha do barco que deveria competir a partir de então. Eu havia crescido, já era um garoto grande, pesado para a classe Laser, e precisava mudar de equipamento. Bem, o que eu fiz? Comprei um barco usado, de uma categoria acima. Mas as coisas não funcionaram como eu esperava, o barco era ruim, estava quebrado, se esfacelava, chegou a me deixar no meio do caminho numa determinada competição. Ou seja, era um barco velho que estava quebrando na minha mão. Minha situação era essa: eu estava sem recursos, pois havia usado tudo o que tinha para comprar o barco e fazer os reparos que achava serem necessários; a equipe estava se desfazendo, alguns dos integrantes estavam namorando sério, não ficavam o tempo todo conosco ou estavam buscando novos caminhos, de modo que o grupo se extinguiu, e meu horizonte começou a ficar pequeno com aquela aposta no "cavalo" errado.

Mesmo assim, insisti ainda um pouco mais. Fui para a França competir num lugar chamado Saint-Pierre-Quiberon, em um campeonato mundial, nos anos 1980. Eu havia conseguido um emprego na prestigiosa École Nationale de Voile et des Sports Nautiques, já estava acertado que ganharia US$ 500,00 por mês, mais casa e comida junto das famílias francesas que costumavam passar o verão naquele lugar. Eu liguei para o meu pai para dizer isso, e ele me avisou que, caso eu não voltasse para casa para prestar vestibular – como, aliás, a maioria dos meus amigos na época estavam fazendo –, me deserdaria. Foi complicado lidar com aquilo. Ali, se juntaram o dilema e a pressão. Eu havia perdido minha mãe muito cedo, tinha essa imposição do meu pai, uma história bastante conflitante. E com 17 ou 18 anos não se lida muito bem com esse tipo de situação. Eu voltei, claro. Quando cheguei ao Rio de Janeiro, percebendo aquele meu traço generalista, meu pai me perguntou se eu queria ser advogado, como o meu avô e o meu tio, ou médico, como o meu outro avô, ou engenheiro, como ele mesmo, meu pai. Foi isso. A pressão era imensa, por todos os lados, por coisas que eu não queria fazer. Ou seja, com 15 e 16 anos eu fui campeão; com 17 anos, achando que podia tomar conta da minha vida, comprei um barco que deu errado do começo ao fim; e aos 18 anos meus sonhos foram atropelados pelo meu pai.

A partir daí, comecei uma nova jornada, só que agora estava por minha conta e risco.

Vale ressaltar que eu poderia ter seguido o caminho que quisesse. Tinha, de fato, muitas opções. Talvez você, leitor, pense que tudo então é apenas uma questão de escolha. Pois bem, infelizmente não é. Não ter alternativas ou ter muitas alternativas é quase a mesma coisa se você não tem claro o que quer fazer. Quando meu pai me perguntou o que eu queria fazer da vida, aquilo significava o fim de várias outras conversas que vínhamos tendo entre nós sobre isso, buscando entender as profissões, como essas coisas funcionavam, o que era relevante em cada uma delas e, claro, o que poderia fazer sentido para alguém com o meu perfil. Nessa época, para saber como isso funcionava, você precisava ir a uma universidade, o que demandaria condições e disponibilidade para fazer algum curso ou ter alguma experiência em algum negócio ou empresa ou, por fim, falar com alguém que pudesse ajudar a entender um pouco desse mundo. No meu caso, esse alguém foi meu pai.

É claro que essas conversas foram importantes, tanto quanto os meus primeiros experimentos e estágios, que me deram ideias de como as coisas aconteciam. Mas tenho de dizer: isso não foi suficiente. As dicas, as informações e a própria vivência têm papel muito relevante na construção de uma carreira, sem dúvida. Mas engana-se quem pensa que tudo é uma questão de encontrar o caminho certo, a empresa perfeita, o negócio dos sonhos. As coisas não funcionam assim. Como eu já sugeri aqui, o mais importante é estar no caminho, e depois... caminhar. Com as informações que vai obtendo, você começa a experimentar, vai ajustando a rota até encontrar um caminho ou um itinerário condizente com suas expectativas. Esse é o processo. E note: tudo é um processo, não existe um caminho único e muito menos um destino final. Nos dias de hoje, com as mudanças acontecendo a todo momento, ninguém é louco para dizer que você tem de estudar Engenharia ou Cosmologia para se resolver ou para se dar bem na vida. Sim, você precisa estudar, aprimorar seus conhecimentos, quaisquer que sejam eles, mas sem perder de vista que quando os dominar será preciso se reinventar e novamente estudar e aprender coisas novas. Essa é a dinâmica do mundo atual.

É importante ter isso em mente. Se você pensa nas coisas de que gosta ou que quer fazer, tente descobrir que empresas ou que pessoas fazem isso. E mais: como elas fazem isso ou como descobriram que era isso que as interessava? Você não precisa ser igual a elas, até porque cada pessoa é diferente da outra. Mas conhecer esses percursos o ajudará a pensar nos próprios caminhos de um modo mais estruturado ou estratégico e mais de acordo com suas intenções.

EXEMPLO PARA PÔR EM PRÁTICA

Descreva situações/tarefas que gostaria de fazer ou negócios que gostaria de empreender, sempre fundamentando e explicando o porquê dessas escolhas.

_____

_____

_____

Você conhece empresas ou pessoas que fazem isso? Quais ou quem são?

_____

_____

_____

Que visão você tem sobre elas? Acha que fazem bem? O que chama sua atenção nesses casos?

_____

_____

_____

Por que você acha que conseguiria fazer isso? Que aptidões (além do desejo) você tem para dar conta dessas tarefas/ negócios? Ou o que precisaria aprender para atuar nesse ramo?

_____

_____

_____

Use essas informações para incrementar o seu inventário. Quanto mais detalhes, mais nítida será sua fotografia.

Esse pequeno questionário é a gênese do "método catarse", que vou apresentar a você nos próximos capítulos. A ideia essencial desse método é usar uma espécie de lupa interior, com o intuito de saber ou conhecer quem você realmente é e o que quer fazer. Quanto mais singularidades descobrir em si mesmo, mais chances terá de encontrar interesses e oportunidades que tenham a ver com o seu perfil de atuar. Gosto de dizer que esse é um método que podemos chamar também de "*modus* antimanada" de agir, pois aqui você segue o que pensa, o que sabe sobre o que pensa e o que quer encontrar. E isso é diferente do "efeito manada", que é quando todos vão para um mesmo lugar simplesmente porque todos estão indo para lá.

Nem todos os empregos que você arranjar na vida vão lhe agradar. Mas são essas experiências que darão a você a medida do que gosta ou do que quer fazer na vida.

Experimentar é fundamental. Porque nem sempre você consegue encontrar o seu propósito logo de início, como eu já disse. Até porque você ainda não está preparado. Você está no início de um longo processo; está se formando (seja pela vida, pela escola, pelas próprias experimentações e testes que vai fazendo). Uma criança só se desenvolve a partir daquilo que testa ou experimenta. Quando ela experimenta, descobre coisas de que gosta e outras que não aceita. Ela rompe preconceitos porque aceita *viver* algo que lhe era desconhecido. Esse é um traço que temos de carregar e usar o tempo todo. Existem coisas na vida de que pensamos gostar, mas que na prática se revelam maçantes, e outras que, se experimentarmos, podem despertar em nós habilidades que julgávamos perdidas ou impossíveis.

Isso me faz lembrar do Sílvio, um garoto que trabalhava na Richards como contador de botão – isso mesmo, ele era contador de botão, desses que se usam em roupas, camisas etc. Era um garoto simples, vinha de uma família humilde, com muitas dificuldades financeiras. E tinha uma disposição e iniciativa fora do comum. Ele trabalhava no almoxarifado da empresa. Uma vez, entrei lá e achei que aquilo estava confuso, as coisas estavam meio fora do lugar, ou pelo menos organizadas de um modo em que era bem complicado encontrá-las. Comentei com ele isso, e logo ele se dispôs a organizar aqueles materiais do jeito que eu falava. Não era exatamente a área dele; ele apenas fazia o trabalho dele ali, naquele setor. Mas me surpreendeu essa iniciativa, já que ele não tinha isso como incumbência. Acompanhei um pouco a trajetória dele e, de fato, me surpreendi em vários momentos com sua perspicácia, capacidade de análise e inteligência. Ele chegou a ser gerente geral de logística e, não faz muito tempo, o encontrei já como empresário nesse ramo. O que chama atenção na história do Sílvio é que ele fazia um trabalho aparentemente banal, apesar de importante, numa área (o almoxarifado) que as pessoas, de modo geral, ignoram ou acham que é apenas um ponto de transição em suas carreiras. Não sei dizer se o Sílvio queria ser o que se tornou. Talvez nem ele saiba responder isso. Mas posso dizer que foi por ter experimentado e, posteriormente, aprimorado aqueles primeiros conhecimentos que ele conseguiu ser e conquistar o que queria na vida. Muito provavelmente ele desenvolveu o máximo de seu potencial no que se propôs a trabalhar.

"SIM, VOCÊ PRECISA ESTUDAR, APRIMORAR SEUS CONHECIMENTOS, QUAISQUER QUE SEJAM ELES, MAS SEM PERDER DE VISTA QUE QUANDO OS DOMINAR SERÁ PRECISO SE REINVENTAR E NOVAMENTE ESTUDAR E APRENDER COISAS NOVAS. ESSA É A DINÂMICA DO MUNDO ATUAL."

OS PERIGOS DA ENCRUZILHADA

Um outro dilema, e dos mais complicados nesse processo, é aquele em que se dá o que chamo de "encruzilhada da morte". De um lado, temos um jovem que está desesperado atrás de um emprego – ele precisa de dinheiro, tem contas para pagar, está no sufoco –, e, de outro, a empresa desesperada para contratar alguém – ela tem uma alta demanda de serviços, não conta com mão de obra suficiente e corre o risco de perder contratos se não cumprir seus prazos. Apesar das recomendações de que as empresas têm de ser profissionais e de que devem ter critérios claros sobre como recrutar, nem sempre isso ocorre. A maioria delas tem gestões confusas e, por conta de uma série de limitações, acaba tendo altos índices de improvisação. A saída para as companhias está na profissionalização de sua gestão – mas não vou entrar nesse mérito e discutir isso aqui. O que nos interessa é o seguinte: como você, que está precisando de um emprego, pode escapar dessa cilada que se chama "encruzilhada da morte"?

Na maioria das vezes, como já demonstramos, você não tem muitas opções. Quando a necessidade bate, tudo o que pode fazer é pegar a primeira oportunidade que aparece, quando aparece – goste ou não, se não tem escolha, é isso o que tem que fazer.

Mas você pode fazer outras coisas também. A chave do problema está em antecipar esses cenários. O primeiro ponto é: não se iluda. O mercado não é um mar de rosas. Tudo o que você deixar para fazer amanhã será sempre mais difícil e pior. Embora possa parecer, não estou sendo pessimista. Falo tanto do mercado de trabalho quanto do mercado das relações comerciais – sendo o varejo a minha principal especialidade –, ambos bem conhecidos meus, nos quais atuei, com êxito, por algumas décadas. Quando digo que o mercado não é um mar de rosas, não me refiro ao momento que passamos hoje. Refiro-me à dinâmica das relações que envolvem trabalhadores, empresários, o pessoal de marketing e, sobretudo, o público consumidor. Ambiente que, por sua natureza, não foi e nunca será um mar fácil de se navegar.

Diante disso, e para minimizar contratempos e inconvenientes, você precisa ter ao menos alguma ideia do que quer fazer, do que gosta, do que lhe interessa, e saber aproximadamente quais atividades têm a ver com o seu perfil. É claro que se você é jovem, está começando sua carreira, isso não vai estar ainda definido nem absolutamente claro. Mas você precisa investir nessa busca e investigar isso dentro de você mesmo. É nessa hora que as oportunidades de teste e experimentações trazem resultados. Com o tempo, você vai moldando cenários, vai construindo uma visão de futuro, desenhando mais ou menos *o que quer ser*, *onde* quer ser e *o que quer* fazer.

Isso é diferente de se jogar de peito aberto numa empresa qualquer. Implica estudar as opções, mesmo quando elas não estão disponíveis. Em outras palavras, você precisa ver e acompanhar o mercado, tentar compreendê-lo, avaliar como ele se comporta em determinadas circunstâncias, ler artigos, colunas de especialistas etc. Hoje, por exemplo, há um manancial de informações à sua disposição na internet; pode se inscrever em grupos de trabalho e até definir que tipo de informação quer receber. Ou seja, receber tudo devidamente mastigado, de acordo com sua necessidade e capacidade de compreensão.

Voltando à "encruzilhada da morte", ela ocorre, como disse, quando o jovem necessitado do emprego é contratado por uma empresa que está precisando desesperadamente preencher uma determinada vaga. E, nessa condição, ambos se encontram. Porém, a empresa está longe de atender às expectativas do jovem em termos de propósito. No entanto, se não há outra opção para ele, o jeito é aceitar a oferta. A empresa, por seu lado, sabe que aquele jovem não está alinhado com sua missão, mas como a necessidade é pontual, paciência; é que o temos para hoje. Nem empresa nem colaborador, portanto, se satisfazem do ponto de vista do propósito de cada um, mas, em razão da *necessidade*, mantêm relações. A necessidade é o primeiro ponto que alimentará o vínculo entre ambas as partes. Para o jovem, porém, há um outro aspecto, o qual não se relaciona diretamente com a empresa, mas é alimentado por ela. Digamos que esse casamento dê certo, tanto o jovem como a empresa conseguem atender às suas necessidades. Ele recebe um bom salário e acaba virando escravo do consumo – porque o dinheiro, você sabe, compra coisas: roupas, viagens, celulares, computadores, carros (ainda que em prestações) etc. A sensação de independência e liberdade é imensa – e relativamente falsa.

Embora, de fato, se você tem dinheiro no bolso, até certo ponto, é mesmo dono do seu nariz. O problema é que, se isso acontece como consequência daquele emprego encontrado de última hora, por conta de uma necessidade pontual, a pessoa acaba virando escrava do dinheiro, cujo propósito é alimentar a sua escravidão pelo consumo, ou a escravidão por uma condição de status. E a situação pode piorar. Se a pessoa casa, tem filhos, assume dívidas complicadas, tudo ficará mais difícil. O dinheiro e o consumo (no caso, a necessidade de manter esse status) é que vão dar o tom da vida dessa pessoa. Quando isso acontece, o propósito fica em segundo plano. A pessoa passa a viver por necessidade, e não pelas coisas que deseja fazer.

Bem, avancei um pouco na direção do olho do furacão, embora isso seja absolutamente verdadeiro. Conheço muita gente que acaba indo por esse caminho e se perdendo nele, porque não há mais razão para fazer as coisas, não há espaço para propósito; a essa altura, tudo o que conta é: "como vou manter o meu status e pagar minhas contas?". Esse é o dilema.

Isso explica um pouco mais aquela pesquisa que mencionei sobre insatisfação no capítulo anterior.

Na fase inicial de sua carreira, nos primeiros empregos, é importante que você tenha paciência, que veja o quadro todo antes de tomar alguma decisão, e não apenas uma parte dele. As coisas não são um mar de rosas, mas se você souber manejar com alguma cautela, se se dispuser a experimentar, testar, anotar os seus feitos, avaliar o seu desempenho, aos poucos as coisas começam a funcionar e a acontecer. Esse é um ponto importante justamente porque se acredita que a diversidade, nos dias de hoje, é uma virtude. Tudo bem, é isso mesmo: quanto mais diversificada for a sua experiência, melhor, mais conhecimento você vai ter. Isso é algo diferente de ficar mudando de emprego a cada três meses, sob os seguintes argumentos: "não gosto disso", "não é o que estou buscando", "isso não me interessa". Diversificar tem a ver com desenvolver diferentes visões (aprimorando conhecimentos de áreas distintas), com o intuito de ver o "quadro todo". Isto é: entender a dinâmica de um setor, as relações ali envolvidas – e não ficar preso apenas àquele ambiente em que você atua. Ao contrário do que ocorria no passado, hoje é possível fazer isso trabalhando em diferentes empresas – ou empreendendo diferentes negócios. O critério para essas mudanças é a busca por consistência no conhecimento. Sair por sair, portanto, não faz o menor sentido.

Esses são pontos que precisam ser trabalhados nos jovens: impetuosidade, impaciência, precipitação, pressa, movimentos rápidos e decisões bruscas, muitas vezes tomadas sem pensar ou com base numa opinião frágil ou sem fundamento – ou a partir de *posts* em redes sociais. Não há nada de errado em ser, às vezes, impetuoso, impaciente ou agir de maneira rápida. Pelo contrário, esses são aspectos até apreciáveis, dependendo do momento ou da circunstância. A questão é que tudo tem a sua hora. Por não observarem isso, muitos acabam abandonando cargos ou posições possivelmente promissoras simplesmente por não terem paciência em conhecer melhor o que estavam fazendo. No primeiro ou no segundo momento desfavorável, abandonam o barco e perdem, assim, a oportunidade de aprender algo novo e avaliar se aquilo fará ou não sentido em suas vidas.

Esse é um traço da geração atual. Por terem tido uma educação muito permissiva, muitos jovens acabam perdendo um pouco a noção de limites. Por menor que seja uma eventual contrariedade, isso por si só já é motivo para saírem de cena. É difícil encontrar situações em que esse tipo de comportamento traz qualquer resultado positivo. Na maior parte das vezes, a pessoa não completa os ciclos nem as etapas. Acaba deixando o barco em movimento, justificando seu comportamento com um "não tem nada a ver comigo".

Como eu disse, tudo é feito, nesses casos, de maneira superficial, impetuosamente e sem consistência alguma. Se ficar pouco tempo numa empresa, não se aprende nada, nem de bom nem de ruim.

Ganhar dinheiro no emprego dos seus sonhos não é impossível. Mas você precisa *trabalhar* para conseguir isso. Isso mesmo: trabalhar, estudar, analisar, pensar e criar estratégias para ganhar dinheiro fazendo o que gosta. Por exemplo: você sabe qual é o melhor momento para procurar um emprego? É justamente quando você não precisa dele. Ou, se não é esse o seu caso ainda, é precisamente quando estiver empregado. Conheço pessoas que perdem oportunidades e chegam mesmo a ter sérias dificuldades financeiras depois, simplesmente porque não aceitam trabalhar em algo que não tem nada a ver com o que querem fazer de suas vidas. Bom, tudo o que você deixa para fazer depois tende a ficar mais difícil e complicado. Se você necessita de dinheiro – e quem não precisa? –, as escolhas, no curto prazo, são de fato bem reduzidas. Se o que aparece não é o emprego dos seus sonhos, você não tem outra opção a não ser pegar essa oferta. Ainda que temporariamente.

Mas isso não é tão complicado assim nem requer muito sacrifício se você encarar a empreitada como um processo. Como disse, o melhor momento para arranjar o emprego que você quer é justamente quando se está empregado. Significa dizer que, quando você encontra um desses empregos que atende a apenas, digamos, uma necessidade (pontual) financeira, é aí que o trabalho (*o seu trabalho!*) começa. Esse é um processo que tem a ver com o sistema, com a forma como o mercado se comporta e aparece para você. Não há empregos maravilhosos e fartos salários para todos. O mercado é seletivo. Tanto quanto você deveria ser. Por exemplo: tão logo você entra num emprego, já deve começar a procurar outro – considerando, evidentemente, aquilo que já conversamos aqui: experimentar o lugar, conhecer as coisas como elas realmente funcionam, tendo uma boa ideia do quadro todo para tomar a melhor decisão, absorvendo o máximo que a experiência em um trabalho que não seja o seu ideal traz, como aprender a lidar com frustrações, se motivar por meio de pequenas tarefas e descobrir do que você gosta ou não na posição que antes era uma meta. Se quiser construir algo relevante em sua vida, você não tem muito como escapar disso. Se compreender corretamente como esse modelo funciona, poderá pelo menos caminhar com alguma satisfação na direção dos seus objetivos e das coisas que quer fazer.

MONITORE O AMBIENTE COM INSTRUMENTOS

Existem muitas ferramentas que você pode usar para definir o seu propósito ou encontrar o segmento e a empresa em que quer trabalhar. Todas elas partem ou têm como requisito um processo inicial de autoconhecimento, cuja recomendação básica está em escrever o que você é e o que você faz (como já esboçamos anteriormente).

Esse questionário deve estar sempre com você e deve ser aplicado em todas as situações em que se impõe vencer um desafio. Funciona como uma espécie de diário, no sentido de que deve ser usado com regularidade. Porém, tem de ser construído de acordo com o seu propósito e processo e de modo que você possa elencar as etapas que deve percorrer, descrevendo o seu desempenho, suas conquistas, suas dificuldades.

As questões básicas desse método, as quais complementam o questionário (*método catarse*) que propus no capítulo anterior, são estas:

Quais suas zonas de interesse (e por que você tem interesse nelas)?

_____

_____

_____

Em quais ambientes ou empresas gostaria de trabalhar? O que o motiva a trabalhar em empresas como essas?

_____

_____

_____

USE AGORA O MÉTODO SWOT

Trata-se de uma radiografia de suas condições e percepções em relação ao seu estado e capacidade de conquista. Com esse método, é possível identificar vantagens, forças, pontos a melhorar e ameaças. Você consegue saber em que condições se encontra, o que pode explorar e o que precisa necessariamente trabalhar para conseguir o que está buscando. Vamos lá:

MÉTODO SWOT

S (*strengths,* ou forças) – elenque suas melhores habilidades, forças e o que julgar como vantagens em relação a seus concorrentes (colegas ou pessoas que estão buscando as mesmas coisas). Tente lembrar-se de algum episódio em que tenha usado algumas dessas forças.

W (*weaknesses,* ou fraquezas) – se quiser melhorar, reconheça o que não está bom. Pense nos pontos que precisam ser aprimorados no seu comportamento. Tente lembrar-se de algum episódio em que esses pontos atrapalharam o seu desempenho. Seja honesto com você.

_____
_____
_____
_____

_____
_____
_____
_____

O (*opportunities,* ou oportunidades) – identifique situações, empresas ou projetos que possam representar oportunidades para você ou que potencialmente possam ser vistos como favoráveis ao seu crescimento, tanto no médio como no longo prazo.

T (*threats,* ou ameaças) – quais aspectos negativos podem atrapalhar ou impactar sua trajetória? Pense em sua carreira, a conquista de uma vaga, a possibilidade de algum empreendimento ou algum projeto desafiador – sem se esquecer do cenário atual, ambiente, recursos etc.

_____
_____
_____
_____

_____
_____
_____
_____

Com base nessas informações, monte o seu currículo, ajustando e destacando as informações mais relevantes e colocando-as de modo formal e adequado ao que está buscando. Além das informações básicas (dados gerais e formação), fale de suas experiências, do que conquistou, do que vivenciou, do que sente orgulho, do que aprendeu etc. Se você fez viagens, conheceu diferentes lugares, aprendeu coisas fora das rotinas corporativas, lembre-se: são conhecimentos diferenciados, que certamente vão ajudá-lo a lidar com problemas de um modo novo, por ângulos pouco explorados, com resultados talvez mais surpreendentes. Se não tem ainda muita experiência, o momento é de experimentar. Se tiver chance, viaje, vá para lugares distantes, participe de ONGs, atue no Terceiro Setor, frequente tribos diferentes da sua. A ideia, obviamente, não é (apenas) ganhar dinheiro, mas sobretudo vivência, conhecimento, cultura, aprender e desenvolver práticas em diferentes realidades, desenvolver um olhar humano e *desautomatizado*.

Lembre-se de que as empresas contratam seus colaboradores considerando, em primeiro lugar, quem eles são (como é sua personalidade, seu conhecimento de vida e de mundo e, depois, considerando suas aptidões técnicas.

Passada essa etapa, você precisa monitorar os resultados. Por resultados entende-se aquilo que você está obtendo a partir do que está fazendo. Se você enviar dez currículos e não receber *nenhuma resposta*, esse "nenhuma resposta" é o resultado que está obtendo. É isso que você precisa investigar e saber por que as coisas estão acontecendo desse jeito. Quanto mais você compreender a razão dos resultados que está obtendo, independentemente de serem bons ou ruins, mais controle terá sobre eles, de modo que poderá fazer aquilo que julga mais correto ou adequado. Isso é algo que você deve fazer sempre. Questionar não só o que está funcionando (para consolidar uma prática), mas, sobretudo, destrinchar o que não está funcionando, justamente para que você corrija eventuais desvios ou inadequações de rota. Isso inclui fazer uma análise completa de como as coisas estão acontecendo em sua vida, dos resultados que está encontrando, de modo que consiga mapear todas as etapas do processo, identificando causas e possíveis erros, até chegar à raiz do problema. Esse é um desdobramento do método catarse. Aqui, ampliamos a aplicação do método. Além de dar a você respostas sobre *quem é você* e *o que você quer*, avaliamos, por exemplo, o que você está fazendo; o quanto isto

"GANHAR DINHEIRO NO EMPREGO DOS SEUS SONHOS NÃO É IMPOSSÍVEL. MAS VOCÊ PRECISA *TRABALHAR* PARA CONSEGUIR ISSO."

tem a ver com o seu propósito (está experimentando coisas que estão no seu caminho); o que está funcionando (ou não); e por quê.

Sobre o que você está fazendo, considere:

- Será que você está fazendo tudo que precisa para conseguir o que quer? (Você sabe quais são as etapas desse processo? Quais são as regras e os critérios necessários para que ele funcione e você obtenha o que quer?)
- Como você está se preparando? Você dispõe de todos os requisitos (tempo, meios, conhecimento etc.) e recursos (condições físicas, espaço, dinheiro etc.) necessários para fazer *o que precisa ser feito* para alcançar os seus objetivos (pode ser um emprego, um projeto, algum empreendimento etc.)? Se algo estiver faltando, o que você poderá fazer para suprir essa falta?
- Ponha tudo o que estiver fazendo na mesa (ou num papel/computador) e avalie: as ações e decisões que está tomando estão dirigidas às metas que você estabeleceu? O foco está claro?
- Você tem algum meio para medir e avaliar *o que está fazendo versus o que está obtendo*? Por exemplo: as coisas estão acontecendo dentro do prazo que você estipulou?

Enfim, dependendo de suas respostas (lembre-se de que este é um questionário/roteiro que deve ser aplicado em qualquer situação), é hora de começar a reparar alguns equívocos, redefinir estratégias, buscar auxílio, melhorar algum ponto que não esteja atendendo a suas expectativas.

No caso dos currículos, a análise tem de ser feita a partir de todo o processo. O que um currículo deve ter para despertar a atenção do recrutador, de modo que ele selecione o candidato?

Bem, um currículo precisa ser claro, objetivo, sintético, relevante e informativo, passando, com o máximo de precisão possível, as características do candidato. Esses são requisitos essenciais? Provavelmente sim. Digo provavelmente, porque não são os únicos. Minha dica aqui é que você pense em diferentes currículos para diferentes áreas ou empresas. Não, não estou pedindo para você inventar nada que não seja verdadeiro. O que estou dizendo é que vale muito a pena enfatizar aspectos que possam interessar empresas (ou setores) em que você gostaria de trabalhar. Se você é um profissional de marketing, poderá atuar em vários setores, sem dúvida. Se quer atuar, digamos, na área química ou automobilística, considere que currículos *dirigidos* a esses setores serão considerados com alguma preferência. Se você quer trabalhar na área, estude o setor, busque informações, fale com pessoas que já atuam aí, veja o quanto suas habilidades contemplam as necessidades dessas empresas e explore isso a seu favor.

Se quer empreender – e essa é uma alternativa das mais promissoras hoje em dia –, vale a mesma coisa: pesquise, conheça e avalie a concorrência, o mercado, os consumidores, o que funciona, os obstáculos etc. Quanto mais informação tiver, melhor. Pense, sobretudo, na perspectiva de suas possibilidades. Isto é, o que você tem e o que precisa para fazer o que quer. O *gap* é o espaço que deve ser trabalhado/construído – justamente para que haja convergência entre *querer* e *poder*.

INTELIGÊNCIA EMOCIONAL

Outro aspecto-chave na formação e no desenvolvimento do jovem tem a ver com a sua inteligência emocional. É claro que não se pode esquecer a qualidade do seu nível intelectual, o seu quociente de inteligência (QI) e o investimento que se deve fazer para aprimorá-lo. Mas o fato é que, nos dias de hoje, só o QI não é mais garantia de sucesso. Por mais inteligente e competente que seja, seu caminho ficará comprometido se não desenvolver habilidades de inteligência emocional. Isso é importante, porque vivemos e trabalhamos com pessoas. E isso não é só uma questão circunstancial ou de agrupamentos. Os trabalhos, hoje, estão todos conectados, tanto quanto as pessoas neles envolvidas. Isso significa que, para ser bem atendido – numa rede ou cadeia de entrega e recebimento de tarefas, produtos ou serviços (numa relação cliente/fornecedor) –, você precisa colaborar para que as coisas fluam, para que você entregue seu trabalho na medida da expectativa do seu cliente (final ou intermediário) e para que possa, da mesma forma, receber os seus insumos com o mesmo grau de atenção e satisfação.

Se você não sabe lidar com pessoas, meu caro, terá muitas dificuldades. O gênio solitário do passado, o fenomenal realizador que tudo fazia, independentemente de qualquer ajuda externa, não teria lugar de expressão no mundo de hoje. O QI, como eu disse, é relevante e apreciável entre os aspectos considerados pelas empresas. Mas não é o único. E sozinho leva a poucos lugares.

É nesse sentido que a inteligência emocional ganha espaço e relevância. Essa sempre foi uma habilidade considerável, mas, hoje, ela é decisiva e está presente, ao menos como expectativa, em todos os ambientes.

Você já parou para pensar em como anda sua inteligência emocional?

Todos a temos em algum nível, seja mais elevado ou reduzido. Inteligência emocional é a capacidade de percepção das coisas, o que exige uma reação madura em função daquilo que vemos ou com que lidamos. Implica, por exemplo, tomar decisões com base no bom senso, e não no impulso ou na vaidade, assim como compreender bem as regras do jogo e o porquê delas.

Faz sentido pensar nisso sobretudo quando descobrimos que nem sempre as coisas vão acontecer do jeito que gostaríamos. É uma circunstância da vida. Nesse caso, conta muito como você reagirá; qual a melhor maneira de aceitar um resultado desfavorável, de assimilar uma eventual desvantagem e de se preparar para dar a volta por cima. Quando você está na casa dos seus pais e não tem nenhum compromisso com custos e despesas, é mais fácil decidir de modo intempestivo ou com base apenas na vontade e no desejo de fazer as coisas. As preocupações são mínimas e se restringem a questões meramente pessoais – afinal, quem banca as despesas fixas e pesadas não é você. Porém, quando você está por conta própria, quando já se libertou dos laços paternos e segue a vida de acordo com as próprias convicções, perceberá que nem tudo são flores. Muitas vezes, você tem de engolir alguns *sapos*, para usar uma linguagem mais popular, a fim de preservar alguns interesses ou benefícios. Faz parte do jogo e da vida. Exige ter um bom entendimento daquilo que, em inglês, chama-se *common sense*, que é um conceito diferente do que se diz como "senso comum". Senso comum é aquilo que é *comum* a todos, literalmente. *Common sense*, nesse sentido, tem a ver com uma capacidade básica de perceber, entender e julgar as coisas como elas realmente são. Ou seja, é um conceito que busca avaliar as coisas e a vida para além do que acreditamos, independentemente de nossa vontade, simpatia ou preferência. Mas não é um conceito estático; tem muito a ver com o momento, com a necessidade e com aquilo que é possível fazer. É algo bem próximo ao chamado *bom senso* e deve ser aplicado de acordo com a percepção da própria pessoa. Portanto, aja de acordo com o próprio *common sense*. Tem mais chances quem consegue manejar com inteligência emocional esses reveses.

Não há uma fórmula para desenvolver sua inteligência emocional. Isso pode variar de pessoa para pessoa, de situação para situação, e até de necessidade e interesse. Mas algumas coisas costumam ser observadas. E, para o propósito deste livro, recomendo estas:

- **Tenha empatia.** Tem a ver com "entender o outro", compreender algumas de suas emoções, aceitando, inclusive, que ele pense ou aja de modo diferente de você – o que só é possível quando você se coloca no lugar do outro;
- **Tente responder em vez de reagir.** Sempre que possível, pense antes de falar, antes de fazer, antes de decidir. A reação pura é uma expressão impulsiva, cujos impactos nem sempre são favoráveis. Pondere, respire, dê algum tempo para pensar em alternativas;
- **Conheça seus limites.** Admita que você não é o dono da verdade e que não pode saber tudo. Em contrapartida, reconheça o talento dos seus colegas. Junte suas forças às deles, e assim todos ficarão mais fortes;
- **Trabalhe para construir um ambiente positivo.** Sempre que possível, ou no que depender de você, crie uma atmosfera favorável de trabalho e convivência. Estimule a cooperação ou se mostre flexível;
- **Reduza emoções negativas.** Evite julgamentos precipitados, não desqualifique pessoas, aja em prol de soluções, e não em busca de culpados;
- **Seja humilde.** Se você não souber ganhar, deve, primeiro, reconhecer isso; depois, se expor cada vez mais para aprender sempre. Isso é ser emocionalmente inteligente;
- **Explore novos ambientes.** Interesse-se pela forma como as pessoas fazem o que fazem. Sair do seu habitat permitirá a você descobrir novas formas de pensar e perceber como as pessoas interagem em situações diferentes das que você atua. Esse é um dos aprendizados mais enriquecedores que conheço.

O ESPELHO É SÓ SEU

O que é ser alguém bem-sucedido?

Um cara bem-sucedido é alguém que encontrou o seu *veio de ouro*. É o cara que conseguiu adaptar a sua capacidade às suas ambições. Esse é um ponto importante. Se a sua ambição é baixa, não é difícil ser alguém bem-sucedido. Se tudo o que você quer é trabalhar em algo que dá algum dinheiro, sem esquentar a cabeça, sem ter um chefe em cima e, às 6 horas da tarde, sair para ficar com os seus amigos, tudo bem, essa é a sua definição do que significa ser bem-sucedido. Por outro lado, se você aceitar trabalhar o que for preciso para conseguir os resultados que a empresa quer, sem se preocupar com horas extras, assumindo altos níveis de responsabilidade, sendo a pessoa que resolverá os problemas do negócio, enfim, será bem-sucedido à medida que der conta desses desafios que você mesmo se propôs a enfrentar.

O critério para definir isso é todo seu, é você quem vai escolher. A grande questão, portanto, é adequar o que você quer fazer com o que *pode* fazer para conseguir o que quer. Se você quer algo que não faz o menor esforço para conseguir – ou faz as coisas de modo inadequado –, o fracasso será uma marca difícil de ser superada. E isso independe de você estar num bar tocando violão com seus amigos ou estar numa empresa gerenciando pessoas em busca de grandes resultados. Tenho amigos que há mais de trinta anos ocupam a mesma posição, no topo da empresa, e estão felizes, sentem-se realizados – a despeito dos riscos que correm (sim, porque sair de uma empresa depois de trinta anos e ir para um lugar diferente não é algo fácil; o processo de mudança e adaptação é bem complicado, sobretudo se isso ocorre contra sua vontade, por conta de algum corte ou mudança na empresa). O que eu quero dizer é que isso ocorre de acordo com o perfil de cada pessoa.

Afinal, o que você quer fazer?

É a partir desse ponto que você precisa contar a sua história.

CAPÍTULO 04

SE JOGA
NA VIDA

Como vencer o medo de seguir em frente, superar obstáculos e acreditar que você pode construir a própria história?
É uma pergunta simples, aparentemente. Já as respostas possíveis a ela vão desde uma monumental trajetória a uma total paralisação ou conformidade. Sim, o medo de dar um passo por conta própria, assumir riscos e se comprometer com resultados costuma assustar mais que animar. Afinal, se você não sai do lugar, expondo-se pouco, quase não erra e mantém um nível razoável de estabilidade, ainda que medíocre. Por outro lado, se resolve seguir em frente, fazendo o que precisa para chegar aonde quer, os riscos são altos, e inevitavelmente você vai ter altos e baixos nessa caminhada. No entanto, poderá vislumbrar ótimas possibilidades de êxito, satisfação e conquista.

O que você prefere fazer?

Na maior parte das vezes, e mesmo que eu ache a segunda opção sempre mais instigante, tenho a impressão de que os jovens preferem agir com uma cautela que não me parece compatível com o caráter natural da juventude – aquele espírito dinâmico, desafiador, inconformado. Pelo menos é o que depreendo do que tenho visto no mercado e de minha experiência pessoal. São sensações que se manifestam quando o jovem, por exemplo, dirige em alta velocidade ou quando se dispõe, de modo às vezes desenfreado, a correr riscos desnecessários em baladas noturnas. É uma energia que raramente se reproduz quando é preciso tomar a vida nas mãos e empreender ou se encaminhar em alguma carreira. Quando o assunto são negócios ou empresas, as dúvidas são imensas, as indecisões se multiplicam e, na maior parte das vezes, é preciso ancorar esse jovem a alguém mais velho que lhe dê a mão e o conduza com segurança nessa trajetória.

Minha percepção é que, em face de alguma situação que exige um mínimo de responsabilidade e comprometimento, os jovens, de maneira geral, se retraem, acham-se despreparados, às vezes até mesmo incapazes de saber se aquele é um caminho seguro ou não.

É claro que isso não acontece por eles serem fracos ou por se acharem incapacitados. O que os assusta é a possibilidade de encarar o desconhecido justamente quando não sabem o que querem fazer de suas vidas. Esses dois caminhos, quando se encontram, costumam mesmo apavorar.

Aqui, reitero, o início da jornada se dá com os formulários de autoconhecimento mencionados no capítulo anterior. É o primeiro passo: saber quem é você, onde está, o que está fazendo, o que quer etc. E depois, ou concomitantemente, aproveitar todas as oportunidades para aprimorar esse quadro. Ou seja, quanto mais informações você compilar, melhor e mais fidedigno será o quadro que vai encontrar de si mesmo.

À medida que vai fazendo entrevistas em empresas, você não só se conhece melhor como descobre o que de fato os recrutadores/empresas estão buscando. É importante prestar atenção nisso, porque tendemos quase sempre a ouvir e a responder no modo automático, sem parar para pensar no que está por trás de uma certa pergunta e por que estamos respondendo dessa ou daquela maneira. Esse é um processo de mão dupla. Embora a entrevista seja conduzida pela empresa, justamente porque ela quer saber se você poderá atender ou não às necessidades dela, essa é também uma oportunidade para saber se aquela companhia interessa ou não aos seus propósitos. É um momento de crescimento. Você vai conhecer diferentes ambientes, avaliar com mais segurança quais são as expectativas projetadas – tanto por você quanto por parte da empresa –, conversar com outros concorrentes, ouvir diferentes relatos e, inevitavelmente, se comparar e começar a ter uma (boa) ideia de onde se encontra exatamente. De modo que ao longo do processo, se prestar muita atenção nele, você amadurece muito rápido, à medida que vai ficando mais claro o que quer fazer.

NETWORKING: A CONSTRUÇÃO DE REDES VIVAS, COM PESSOAS E SITUAÇÕES REAIS

Toda essa movimentação acontece em paralelo aos processos formais. Isso inclui sua preparação, o modo como você se veste e se comporta, o contato com outros candidatos, o ambiente da empresa, a rede informal que vai se estabelecendo e da qual poderá extrair novas indicações, dicas, sugestões e até critérios de comparação – no sentido de conhecer sua posição atual, competências e disposição para novas oportunidades. Essas são informações valiosas e que não estão escritas em nenhum manual de etiquetas. Tem a ver com a sua disposição para conhecer pessoas, se interessar por elas e se abrir para novas oportunidades.

Aqui aparece a importância do networking, aquela rede viva de contatos que permite a você trocar experiências, informações e potencializar relações. Eu faço aqui uma distinção importante: estou falando de contatos reais, de olho no olho, de situações tangíveis e palpáveis. Sei da importância das redes sociais e do quanto influem no comportamento das pessoas. Mas elas não se comparam aos contatos que acontecem no mundo real, quando você vê e ouve a pessoa de perto. Isso é completamente diferente de ter seguidores ou de garantir *likes* em suas postagens. Isso tem a ver com experiências construídas na realidade da vida, nos corredores das empresas, nas salas de espera.

Num desses encontros fortuitos, por exemplo, você pode conhecer alguém que lhe apresente um projeto social no meio do caminho, uma ONG em que você pode experimentar uma habilidade até então desconhecida. E isso é superválido, dará a você uma dimensão diferenciada e muito mais rica sobre o mundo e as pessoas. E, acredite, influenciará inclusive o seu desempenho na próxima entrevista de emprego de que participar. Um trabalho voluntário em instituições de caridade contribui bastante para que você construa novos comportamentos, desenvolva um olhar mais humano e perspicaz sobre a realidade do mundo e das pessoas.

Posso garantir que isso traz resultados muito mais interessantes e construtivos do que se você ficar o dia inteiro no celular trocando memes ou reclamando da vida e do governo. A vida real é muito mais saborosa!

Quando me demiti da Zara, fui direto para o Grupo Pão de Açúcar. Fiquei pouquíssimo tempo lá, saindo logo em seguida. Passei quatro meses fora do mercado de trabalho. Foram quase treze anos sem visitar *headhunters*, os caçadores de talentos. Esse é um contato importante com o mercado, sobretudo quando você é um CEO. É o momento em que relata o que está fazendo, dá um panorama das suas atividades, diz quais são os seus interesses, que companhias gostaria de conhecer etc. É um contato bastante interativo e o mantém no radar do mercado. Esse é um trabalho feito pelo próprio profissional. Durante o período em que estive na Zara e no GPA, eu o deixei de lado, porque saí de uma startup onde eu trabalhava muito e fui para uma outra operação em que iria trabalhar mais ainda. Pois bem, aquele período de quatro meses em que eu estava sem trabalho (depois do Pão de Açúcar) foi um dos mais estranhos de minha vida. Eu visitava os *headhunters*, mas saía de lá e ia para uma academia ou ficava horas olhando para a tela do celular, sem saber direito o que fazer. Você fica numa aflição maluca, se sente meio perdido, querendo fazer tudo ao mesmo tempo, mas sem ter onde e por que fazer. Você está desconectado, os canais são lentos, você precisa entrar no fluxo dos processos de recolocação. Enfim, é uma agonia enorme. Isso aconteceu comigo. Imagine os jovens que com frequência se veem nessa situação! No meu caso, eu tinha um histórico respeitável, com projetos, resultados comprovados, uma trajetória rica, cheia de conquistas. E, no entanto, quatro meses foram o suficiente para me apavorar!

Quando você é jovem e está procurando o seu caminho, a situação é mais ou menos essa. Você se sente perdido, não entende muito bem o que está acontecendo e, é claro, tampouco sabe ainda o que está buscando; ou, muitas vezes, apesar de estar construindo alguma coisa, o medo e a insegurança são gigantescos e apavoram. Dar errado é uma possibilidade concreta. Num país como o nosso, com tantas dificuldades e oportunidades raras, alcançar o sucesso nem sempre é algo que combina com o seu propósito. Encontrar um emprego e ter um bom salário são condições bastante aceitáveis para a imensa maioria de jovens. Mas isso nem sempre está dentro do seu propósito. Um propósito é algo que está um pouco além do comum. Exige mais conhecimento, determinação e muita garra. O normal, o desempenho regular, não é suficiente; você precisa se superar para conseguir atingir ou realizar o seu propósito.

Por isso, acredito muito que, se você mesclar atividades sociais às suas entrevistas e buscas regulares por trabalho, as chances de se aproximar do seu propósito aumentarão muito.

SE TUDO O QUE VOCÊ QUER É UMA BICICLETA, UM PORSCHE NÃO VAI LHE DAR PRAZER

Há, hoje, um descompasso muito grande entre o que os indivíduos gostariam de fazer e o que estão fazendo. Quando isso acontece, aquilo que você faz se transforma num grande martírio, ao passo que as pessoas que fazem o que gostam conseguem ser muito mais felizes, com um sentimento de realização e propósito muito maior. Esse sentimento é decisivo. Afinal, o que importa é ser feliz, é você se sentir bem consigo mesmo em vários âmbitos.

Como indicam diversas pesquisas e estudos, dinheiro não é tudo nem é suficiente para garantir satisfação – na vida ou no trabalho. A chave para o sucesso está nisso: identificação com o que se faz. Isso é muito mais motivador e estimulante. Numa interessante distinção, o filósofo Mario Sergio Cortella diz que "emprego é fonte de renda, enquanto trabalho é fonte de vida. Trabalho gera vitalidade, emprego pode muitas vezes apenas dar dinheiro".[23] De onde se conclui que provavelmente você se identificará muito mais com o trabalho que faz do que com o emprego que tem. Nem sempre as duas coisas andam juntas. O desafio para líderes e gestores é justamente conseguir aliar esses dois aspectos no ambiente da empresa. Colaboradores motivados costumam estar conectados a algum tipo de propósito. Quando isso acontece, os resultados são bem mais interessantes.

---

[23] VOCÊ vê sentido no seu trabalho? **Correio Braziliense**, 01 mar. 2020. Disponível em: https://www.correiobraziliense.com.br/app/noticia/eu-estudante/trabalho-e-formacao/2020/03/01/interna-trabalhoeformacao-2019,831332/voce-ve-sentido-no-seu-trabalho.shtml. Acesso em: 01 dez. 2020.

É o que sugere, por exemplo, uma pesquisa da consultoria PricewaterhouseCoopers (PwC) feita com 1.510 funcionários e 502 chefes de 39 indústrias dos Estados Unidos. O estudo mostra que ter uma boa remuneração não é suficiente para motivar alguém a ir para o trabalho. Já compreender o sentido e o significado da profissão (aquilo que se faz) é tão fundamental quanto ter um propósito na carreira; é isso o que deixa as pessoas satisfeitas. E, também, as empresas, pois na medida em que elas contam com colaboradores verdadeiramente identificados e alinhados com a missão do negócio, maiores e melhores são os resultados obtidos por esses empreendimentos.[24]

Se você tem um Porsche na garagem ou uma bicicleta, o que vai definir o seu grau de satisfação não é nem uma coisa nem outra, mas o seu nível de ambição, ou seja: o que você quer para a sua vida?

Para alguns, tem de ser um Porsche. Para outros, uma bicicleta está de bom tamanho.

É por essa razão que você precisa ter um propósito. Isso é algo que vai além das questões materiais. Elas são importantes, claro, mas não definem o seu propósito. Querer ter um carro de luxo na garagem não é exatamente um propósito de vida. Querer ter *condições* de ter um automóvel caro na garagem, entre outras coisas, é algo que se aproxima mais de um propósito – que, neste caso, pode se assemelhar ao desejo de ter alguma estabilidade financeira na vida ou de conseguir realizar um grande projeto ou empreendimento ou o desenvolvimento de um modelo de negócio. Enfim, são coisas que transcendem as questões materiais e têm mais a ver com o desejo interior de realização do ser. No fundo, é isso o que mais importa.

Se você está conectado com esse desejo interior, o propósito aparece, e aí fica muito mais fácil entender e saber o que realmente você está buscando na vida.

---

24 ARAÚJO, A. L. Pesquisas revelam que propósito na carreira é essencial para ser feliz. **Correio Braziliense**, 1 mar. 2020. Disponível em: https://www.correiobraziliense.com.br/app/noticia/eu-estudante/trabalho-e-formacao/2020/03/01/interna-trabalhoe-formacao-2019,831448/pesquisas-revelam-que-proposito-na-carreira-e-essencial-para-ser-feliz.shtml. Acesso em: 24 out. 2020.

"POR ISSO, ACREDITO MUITO QUE, SE VOCÊ MESCLAR ATIVIDADES SOCIAIS ÀS SUAS ENTREVISTAS E BUSCAS REGULARES POR TRABALHO, AS CHANCES DE SE APROXIMAR DO SEU PROPÓSITO AUMENTARÃO MUITO."

Se uma bicicleta está de bom tamanho, é provável que você vá priorizar uma vida simples, talvez frugal, tentando sempre atender às necessidades do espírito. Não há nada de errado nisso se esse é o seu propósito. O problema aparece quando tudo o que você quer da vida é um Porsche, mas só conseguiu uma bicicleta.

Entenda o que quero dizer: o mesmo acontece quando você tem um carro, mas tudo o que queria de verdade era uma bicicleta.

Percebe o desequilíbrio? Isso é muito mais comum do que se imagina.

É claro, como já disse, que não basta identificar o seu propósito e sair para o abraço. Há mais coisas no caminho. Um propósito é algo que precisa ser construído. Um exemplo bem simples de visualizar: se você gosta de música, toca piano ou violão desde pequeno e sonha em ser um músico de orquestra ou tocar num clube de jazz em New Orleans, esse "toco desde pequeno" e "quero ser..." não são o suficiente para você realizar esse propósito. Você precisa construir esse caminho, experimentá-lo em diversas situações, estudar, aprender, se desenvolver e, ao longo do processo, fazer algo que, repito, é essencial: ouvir os seus gurus.

Vamos falar um pouco deles.

Um guru é um sujeito que tem duas coisas fundamentais para o seu desenvolvimento: primeiro, ele é alguém que você admira; segundo, é alguém que sabe mais do que você – e essa é uma das razões pela qual você o admira. O primeiro guru que eu tive na vida foi o meu pai. A despeito de nossas diferenças e visões muitas vezes conflitantes, foi com ele que aprendi as primeiras lições da vida. Foi por conhecer sua trajetória que comecei a desenhar a minha trajetória.

Ao longo da vida, conheci diferentes gurus, isto é, pessoas que me inspiravam e que eu seguia como mentores, como indivíduos com os quais sempre aprendia – mesmo quando discordava. É curioso isso. Às vezes, você aprende inclusive com pessoas das quais discorda. Reconhecer o talento ou o conhecimento não significa necessariamente concordância. Às vezes, você discorda do resultado, mas isso não significa dizer que o método não vale nada. Por exemplo, com os gurus, você aprende a pensar, escolher e até caminhar, sem que necessariamente percorra os mesmos caminhos que eles ou faça as mesmas escolhas que eles.

Os grandes gurus ensinam processos.

Você já parou para pensar em quem são os seus gurus? Assim como eu, você e todo mundo têm os seus gurus, só que nem sempre os nomeamos assim; às vezes, nem reconhecemos o valor que eles têm ou tiveram em nossas vidas. Se você pensa nessas pessoas e tenta descobrir o que aprendeu com elas, não só destaca algum conhecimento ou aprendizado como também passa a valorizá-las.

Faça esse exercício: escreva a seguir quem são ou quem foram os seus gurus, o que aprendeu com eles e quais ensinamentos usa ou colocou em prática.

OS MEUS GURUS	QUEM FORAM/SÃO?	O QUE APRENDI?	O QUE USO OU COLOQUEI EM PRÁTICA?
Parentes (Pode ser seu pai, sua mãe, um irmão mais velho...)			
Professores (Quais foram os mestres que mais marcaram você na escola/faculdade?)			
Celebridades (Quem são seus ídolos e por quê?)			
Chefes/gestores (Pessoas que ensinaram os primeiros passos no trabalho.)			
Amigos (Pessoas que conviveram com você e que admira.)			
Outros			

"O QUE VAI FAZER DIFERENÇA EXPRESSIVA NUMA TRAJETÓRIA DE SUCESSO É A SUA CAPACIDADE DE TRABALHAR EM EQUIPE, SUA CAPACIDADE DE ENTREGA E O SEU INTERESSE E PAIXÃO PELO QUE ESTÁ FAZENDO."

A VIDA É UMA GRANDE EXPERIÊNCIA. ENTÃO, EXPERIMENTE-A

Sempre que posso, digo que é importante ter um propósito. Mas aqui vai uma boa notícia para quem não sabe o seu. Se você é jovem, não saber qual é o seu propósito não chega a ser exatamente um problema. Veja o que estou dizendo: você não precisa saber qual é o seu propósito para começar a se movimentar. Isso é diferente de não ter propósito. Como eu sugeri anteriormente, são raras as pessoas que têm uma vocação clara em relação ao que querem fazer da vida. De modo geral, as pessoas têm alguma ideia, uma ou outra inclinação, que com o tempo vai ganhando nitidez até se consolidar num caminho claro e objetivo. Meus sobrinhos, que estão na faixa dos 19, 20 anos e que estão sempre aqui em casa, costumam me perguntar que caminho escolher, em que empresa trabalhar ou que negócio empreender. Bem, o que está por trás dessas consultas, o que eles querem saber afinal? Como a maioria dos jovens, meus sobrinhos não definiram ainda o que vão fazer de suas vidas. E diante desse "não saber", do desconhecido, acabam ficando receosos de dar um passo em falso, de errar o caminho e de entrar na empresa errada – como sugeri na abertura deste capítulo.

É claro que é uma angústia compreensível, eu mesmo passei por ela mais de uma vez na vida. O que fazer? Minha resposta tem sido a seguinte: dificilmente você vai encontrar a empresa certa agora, nessa fase. Você, jovem leitor, não tem mesmo como saber, é como tatear no escuro. Se quiser acertar, vai ter que experimentar. Não importa muito, nesse momento, se vai entrar numa empresa ruim ou numa empresa que não tem nada a ver com você ou com o que quer fazer. O que importa agora é a direção, é o sentido dela – algo que você só descobre quando *entrar*. Se uma empresa não atende às suas expectativas, você poderá sair e buscar outra, dentro, claro, de um prazo razoável, dentro do que for possível em termos de oportunidade ou necessidade. O que você não pode perder de vista é a direção do seu propósito. Mesmo que ele não esteja claro ainda, é importante tentar vislumbrar ou esboçar possibilidades, isto é, ambientes ou atividades que acredita serem mais adequados às suas inclinações.

Quando você começa num emprego novo, passa a ter cada vez mais entendimento do que quer e também do que *não quer* fazer. Muitas vezes, é trabalhando numa organização ruim ou numa área desconfortável que se descobre isso. Se tem um desejo ou propensão para trabalhar, digamos, com o público, ficará muito incomodado se tiver de passar seus dias num escritório fechado, em frente a um computador fazendo planilhas. Logo, aquele desejo despontará muito nitidamente. Talvez você não consiga sair dessa empresa ou dessa função nesse momento. Dependendo de sua condição ou circunstâncias, precisa ficar algum tempo aí. Mas, se não perder de vista essa inclinação ou desejo, certamente vai aproveitar qualquer oportunidade nesse sentido. Pode ser uma questão de tempo ou de você mesmo tentar formular essas oportunidades (por meio de suas redes de networking, troca de experiências, currículos ou até mesmo como empreendedor em alguma dessas atividades). Como eu costumo dizer aos meus sobrinhos, as portas tendem a se abrir à medida que você estiver caminhando.

De modo complementar, eu também digo a eles e repito aqui: você só está pronto para aprender quando você sabe. Isso mesmo. Veja, a curva de aprendizado é como um degrau. Você vive determinadas experiências ou vivências, e elas o levam a um outro patamar na escala do conhecimento. Isso num âmbito pessoal, no qual essas situações aparecem primeiro. Se você gosta de futebol, por exemplo, saiba que quanto mais jogar, mais vai perceber suas preferências nesse esporte, as posições que mais lhe agradam, os movimentos que gosta mais de executar. Quando você *sabe* disso – esse é um *saber* que nasce da própria experiência –, então sobe um degrau e está pronto para aprender. Se você gosta de namorar, tem diferentes parceiros num determinado momento da vida, vai perceber, depois de algum tempo, que algumas preferências começam a ficar evidentes para você. Pessoas com determinadas características poderão agradá-lo mais do que outras. Quando você percebe isso, suas escolhas começam a ser muito mais seletivas. Algo em você compreendeu essa experiência e transformou-a em um tipo de conhecimento no seu modo de agir em suas relações.

A mesma coisa acontece quando você vai vivenciando diferentes experiências. Você não sabe o que vai acontecer, mas é fundamental deixar ligado o seu radar, até para que possa captar todos esses sinais e seguir numa determinada direção.

Ou seja, você só está pronto para aprender quando já sabe, quando já viveu qualquer coisa que o leve na direção do que você está buscando.

Quanto mais você vive e experimenta coisas, e quanto menos fica olhando para a tela do celular, mais apto estará para aprender com a vida.

É claro que você precisa dosar essas coisas. A proporção entre celular, ou computador, e *experiência* (vida) deve ser equilibrada. A realidade é maior que o tempo virtualmente gasto nesses equipamentos. Se você é jovem, não faz sentido passar sua vida dentro de casa, em frente à televisão, assistindo loucamente a Netflix ou Prime Video – ou em redes sociais, curtindo memes. O virtual não pode ser maior que a experiência vivida. Já a realidade deve ser sempre embriagadora, isto é, o máximo possível.

Cabe, porém, uma ressalva: se você trabalha com plataformas digitais, desenvolvendo aplicativos ou conteúdo digital, é natural que você esteja hiperconectado no seu dia a dia. Mas mesmo assim, nas horas que sobram, é importante arejar, manter contato com a vida e o mundo real.

Um outro tópico nesse caminho são os estudos.

Se você está fazendo faculdade, atenção: a vida continua. É claro que conhecimento é importante, e uma faculdade vai proporcionar, pelo menos basicamente, algum tipo de aprendizagem. Mas observe que, do ponto de vista prático, o conhecimento formal é pouco usado, sobretudo nas tarefas pontuais que você tem para fazer. O conhecimento oferecido pelas escolas, no formato de transmissão atual, é muito genérico e, às vezes, até excessivamente conceitual. Podemos até criticar isso, mas considere que esse aprendizado formal (que tem obviamente sua importância) busca atender a um número muito grande de pessoas; é também bastante generalista e, evidentemente, não acompanha a dinâmica dos mercados. É nesse sentido que aparecem os cursos pontuais, voltados inteiramente para aquilo que você faz ou gosta de fazer. Os cursos de extensão, oficinas e MBAs, por exemplo, costumam ter esse caráter, digamos, mais prático ou imediatista. Eles são desenhados para ser aplicados no dia a dia, considerando situações específicas e bastante atuais. Em algumas ocasiões, chega a ser não só desejável como preferível a formação num desses cursos (dada uma necessidade específica) em vez de um curso universitário formal e completo. Muitas escolas e universidades oferecem cursos nesse formato, com opções de aproveitamento de outras disciplinas ou até em outras plataformas – como o ensino a distância, por exemplo. Existem empresas que chegam a fazer convênios com algumas universidades e oferecem cursos sob medida a seus colaboradores ou a jovens aprendizes. As chamadas universidades corporativas têm esse caráter e atendem a demandas bastante pontuais.

Veja, vamos colocar as coisas nos lugares. Sim, você precisa se formar, ter o seu diploma e, na medida do possível, que essa graduação seja o mais próximo possível daquilo que você quer fazer. Porém, em certas circunstâncias, talvez seja mais interessante interromper (temporariamente) o curso universitário para buscar uma capacitação específica em determinada área por conta de alguma demanda na sua empresa ou negócio. Afinal, não adianta ter diploma se você não consegue emprego. É nesse sentido que digo que a vida continua, mesmo se você estiver fazendo uma faculdade. Você não deve perder de vista as oportunidades, tanto de experiência quanto de conhecimento. É não só possível como razoável pensar em fazer cursos mais curtos, pontuais e específicos, relacionados às coisas que você ama. Quando for possível, pense também na possibilidade de fazer esses cursos em alguma outra língua que você domine. Isso dará mais versatilidade ao seu conhecimento, além de permitir que você pratique um segundo idioma de modo mais técnico.

A boa notícia nesse emaranhado de alternativas e possibilidades é que o mundo em que vivemos hoje permite a você dar esse passo. No passado, suas escolhas tinham de ser definidas muito cedo e de modo definitivo. Não era possível – ou pelo menos era muito mais complicado – fazer manobras ao longo do percurso. Se você se formava em Direito, teria de abrir um escritório ou prestar concurso para algum tribunal. Se fizesse Psicologia ou Engenharia, jamais poderia sonhar em tocar uma área de recursos humanos, por exemplo – algo que, hoje em dia, com alguns ajustes no percurso, é bem possível. Enfim, na atualidade, o que mais importa é o que você conhece e domina, e não o que você estuda e não consegue aplicar.

Como disse, fiz duas faculdades, Engenharia (até o quarto ano) e Administração. Fiz também um MBA completo e outro na área de

Gestão de Pessoas. Da Engenharia eu ganhei a disciplina, a ordenação lógica das coisas. Da Administração, por já trabalhar na área, não tive ganhos significativos – o que fiz foi conhecer formalmente coisas que eu sabia. Já o MBA me proporcionou coisas interessantes: ele pôs na "caixinha" tudo o que eu sabia, ou seja, me permitiu compartimentalizar aquele meu conhecimento, de modo que eu pudesse, digamos, manuseá-lo de um jeito mais orgânico, talvez mais estratégico. Em última instância, nas duas faculdades ganhei um conhecimento mais genérico, talvez um jeito mais estruturado de ver e pensar as coisas e pessoas.

Minha experiência reflete muito essa formação. Eu sempre fui um executivo e CEO voltado para o consumidor, o que é conhecido no jargão internacional como *customer-oriented*. Mas também atuei muito como gestor de pessoas (*people-oriented*), ouvindo, conversando e envolvendo as pessoas da companhia. No entanto, em minha atuação, eu respondia pela parte financeira da companhia, fazia cálculos, gerenciava contratos etc. Atuações que, para mim, eram complicadas, às vezes cansativas. No fundo, eu atuava como generalista, isto é, um profissional que entendia superficialmente de um monte de coisas, mas que tinha uma visão completa de todo o quadro, o que me permitia, e esse era o meu diferencial, juntar todas essas coisas e fazer o negócio andar para a frente, em direção a determinados objetivos e grandes resultados.

Vejo muitos jovens presos à necessidade de cursar uma faculdade conceituada, como se isso fosse garantia de formação de um excelente profissional. É claro que uma boa escola ajuda, mas o que garante o sucesso é a dedicação do aluno – sobretudo quando ele consegue ir além daquilo que a escola ensina, isto é, quando vai atrás de cursos pontuais que o ajudam a complementar não só sua formação, mas também sua atuação no dia a dia. Não tenho dúvida da qualidade de escolas como USP, UFRJ, UFMG, Unicamp e tantas outras aqui no Brasil, assim como Harvard, Insead ou London Business School, entre outras, no exterior. São escolas reconhecidas, com ótimos currículos, mas o que vai fazer mesmo a diferença nesses cursos são o aluno e sua experiência de vida.

Veja, quando um jovem busca fazer um curso, ele o faz com a ideia de dominar determinado conhecimento, para que possa aplicá-lo em sua realidade, em sua empresa, no dia a dia. O curso é um meio, e não um fim em si. Ninguém tem como projeto de vida ou de carreira fazer um curso ou entrar numa faculdade. O curso é ponte, é meio, é o caminho que pode levar você a realizar o seu objetivo, seja o de empreender algum negócio ou projeto ou se realizar profissionalmente em alguma empresa conceituada. O que vai fazer diferença expressiva numa trajetória de sucesso é a sua capacidade de trabalhar em equipe, sua capacidade de entrega e o seu interesse e paixão pelo que está fazendo. Se você cursa uma faculdade imbuído desse espírito de entrega e paixão pelo que faz, as chances de aproveitamento e aplicação dos conteúdos aprendidos realmente são muito grandes. Se você faz uma boa escola como a PUC, por exemplo, ou uma das universidades federais brasileiras, é claro que o seu rendimento será bom. Mas se não puder ser em uma escola "de grife", o que vai predominar é esse espírito de entrega, interesse e paixão pelo que você faz e que é anterior aos estudos.

O que quero dizer é algo simples e fundamental: não são as escolas que formam pessoas. São as pessoas que decidem o que querem fazer de suas vidas. Se quer dar o melhor de si na sua área, você precisa estar comprometido com o que faz no lugar onde trabalha, e, nesse caso, tanto a escola formal – seja ela qual for – como cursos pontuais ajudarão bastante. O ponto é que nenhuma faculdade vai fazer você se tornar alguém comprometido ou apaixonado pelo que faz. Até porque não é essa a função da escola. A universidade provavelmente vai lhe dar ferramentas, conceitos, conhecimentos teóricos e universais. Mas a entrega, a paixão *pelo fazer* que acontece no dia a dia, isso só a experiência é capaz de proporcionar.

Um outro aspecto é que, nos dias de hoje, a necessidade por conhecimento e informação pontuais é muito grande. A demanda por respostas específicas e imediatas também é enorme. Como sabemos, a universidade, até pelo seu caráter e missão, não tem como acompanhar nem oferecer esse tipo de resposta – pontual, específica e imediata. É disso, desse ambiente, que nascem com força os cursos voltados a soluções rápidas e pontuais, como os de programação, projetos de sites, *e-commerce*, entre outros. (Aliás, fique também atento às inúmeras oportunidades de oficinas e cursos oferecidos por entidades como o Sebrae – muitos deles, além de técnicos e específicos, são gratuitos e têm ótima reputação de qualidade.)

Ora, o que um programador, para fazer o seu trabalho, pode aprender com Frederick Taylor ou Jules Henri Fayol – ambos precursores da administração clássica?

É óbvia e fundamental a contribuição desses pensadores para o desenvolvimento da administração, mas, em termos práticos, e diria até pragmáticos, hoje, na vida de um programador com uma agenda específica numa empresa, o impacto é nulo. Tudo que um programador precisa para fazer bem o seu trabalho é *saber fazer bem o seu trabalho*, ou seja, entender o que se espera dele e entregar o que sabe precisamente nessa medida. Isso não quer dizer que você deva dispensar esse tipo de conhecimento. Se ele estiver disponível, aproveite. Mas não perca o foco daquilo que mais importa no momento.

Os caminhos hoje são mais curtos, as mudanças são muito mais rápidas e dinâmicas, e o mercado se transforma o tempo todo, o que faz conhecimentos estabelecidos, feitos para durar no longo prazo, acabarem sendo revistos e mudados no curto, curtíssimo, prazo.

Você estuda Economia por quatro anos e, no fim, a única coisa que permanece intacta é a parte histórica do curso. Todo o resto se transformou ao longo desses quatro anos. Pense no conhecimento que pode durar, intactamente, ao longo de quatro anos. Quase nenhum.

Em resumo, essa é a recomendação que dou aos meus sobrinhos e, aqui, estendo a você, leitor: jogue-se na vida, vá descobrir o que lhe dá prazer, o que faz você levantar pela manhã e ir à luta, ir ao trabalho, empreender o seu negócio, fazer uma entrevista, realizar algum trabalho voluntário, conhecer o mundo, conhecer pessoas. No meio do caminho, talvez apareça uma escola. Tudo bem, no meio do caminho aparecem várias coisas. Você só precisa saber aproveitá-las em prol daquilo que *já* está fazendo – ou do que quer fazer. Numa palavra: *faça!*, em primeiro lugar – e estude o máximo que puder. Ande no mundo, olhe em volta, pois onde você olha há vida, pessoas, processos, coisas acontecendo. Tudo bem que hoje você pode contar com aplicativos como WhatsApp, LinkedIn, Facebook, redes sociais de todos os tipos, mas eles não substituem as caminhadas que você precisa fazer. Gastar sola de sapato, estar no meio das pessoas, olho no olho. O contato direto com a vida, com o tempo, é imprescindível para a construção da sua trilha, no seu ritmo.

AO CAMINHANTE NÃO EXISTE CAMINHO

Caminante, son tus huellas | *Caminhante, são teus rastos*
el camino, y nada más; | *o caminho, e nada mais;*
caminante, no hay camino: | *caminhante, não há caminho:*
se hace camino al andar. | *faz-se caminho ao andar.*
Al andar se hace camino, | *Ao andar faz-se o caminho,*
y al volver la vista atrás | *e ao olhar-se para trás*
se ve la senda que nunca | *vê-se a senda que jamais*
se ha de volver a pisar. | *se há-de voltar a pisar.*
Caminante, no hay camino, | *Caminhante, não há caminho,*
sino estelas en la mar. | *somente sulcos no mar.*

[Antonio Machado, poeta espanhol (1875-1939)]

Este belo poema do Antonio Machado[25] sintetiza bem o que estou propondo, sobretudo neste verso:

"O caminho se faz ao caminhar"

Se você é o construtor do próprio caminho, significa que só você poderá viver a sua história. Por mais que você conheça ou ouça falar de outras experiências, elas nunca serão as suas experiências. É isso o que me leva a dizer que o que chamo de "vitória-padrão" não é para todos. "Vitória-padrão" é aquele conceito preestabelecido em que as coisas parecem estar prontas, apenas aguardando a sua chegada. Por

---

[25] MACHADO, A. Proverbios y cantares. In: MACHADO, A. **Poesías**. [s.l.]: eBooket. [s.d.]. p. 31. Disponível em: http://www.dominiopublico.gov.br/download/texto/bk000406.pdf. Acesso em: 01 dez. 2020.

exemplo: o "emprego-padrão", isto é, o emprego dos sonhos, aquele lugar numa empresa bacana, com todas as garantias de praxe, horário flexível, ótimo salário etc. Esse é o emprego dos sonhos de todo mundo. Ou então: empreender um negócio, dentro de um modelo vencedor (padrão), fazer tudo o que se diz nos manuais e aguardar os resultados. São coisas com as quais todos sonham. E muitas vezes elas funcionam. Mas é preciso dizer: não são para todos. E não porque eu esteja discriminando ou por você talvez não ser capaz, mas simplesmente porque cada pessoa é diferente uma da outra. E também porque se você seguir à risca os manuais, as chances de se transformar em *mais um* no mercado, e se descaracterizar como indivíduo, são enormes.

Esse não é o tipo de coisa com que você tem de se preocupar. Não há problema em não ser um vencedor de acordo com os padrões estabelecidos pela sociedade ou pelos manuais de gestão. O que mais encanta nessa sua caminhada é a possibilidade de você encontrar o próprio padrão de vitória ou sucesso. Ele não precisa ser universal nem necessariamente inspirar outras pessoas. Basta que seja seu, que seja do seu jeito de fazer, e que você o realize de modo a se satisfazer. Não há necessidade de mais nada a partir desse ponto. A grande sacada aqui é conectar o seu jeito de fazer as coisas com o seu propósito. Não digo que você tenha de desprezar outras informações, dicas, experiências. Lembre-se de que sugeri que ouça sempre os seus gurus. Todo conselho e aprendizado é válido. Mas você não precisa ser fiel na hora de reproduzir. Mescle o que vê e aprende com aquilo que você mais gosta e sabe fazer, incluindo nisso o seu jeito de fazer. Se estiver bem conectado com suas aspirações e propósito, pouco importa se trabalha seis ou quatorze horas por dia; pouco importa se está no topo, como um CEO, ou debaixo de um carro, numa oficina mecânica. Tudo o que precisa é ser a pessoa certa, na hora e lugar certos.

Talvez você encontre um novo padrão, um novo jeito de ter sucesso e fazer as coisas. Esse foi o padrão que o pessoal da plataforma Uber, por exemplo, encontrou; algo absolutamente diferente, a partir de uma iniciativa que fugia dos modelos convencionais de transporte e em que se buscava melhorar algo que não estava funcionando tão bem como poderia, no caso, os serviços de táxi. O mesmo aconteceu com as startups, que, no geral, se definem como oportunidades de empreendimentos que buscam ou criam novos caminhos ("o caminho se faz ao caminhar") para velhos problemas. Com isso em mente, foram ampliadas as redes de acomodação de pessoas em todo o mundo, por exemplo, por meio de sistemas do tipo Airbnb, que ajuda pessoas que desejam alugar espaços ociosos como quartos, apartamentos ou casas. Ou por meio de aplicativos como Tinder (para relacionamentos), Dropbox (para armazenamento de arquivos virtuais), Kickstarter (financiamento coletivo do tipo *crowdfunding*), entre outras modalidades diferenciadas de negócios. Como você deve ter observado, a maioria desses serviços se apresenta no formato digital, fazendo uso de um aplicativo. Sem dúvida o conhecimento de sistemas é fundamental, mas a ideia original quase sempre está presente no mundo real. O aluguel de bicicletas públicas, salas temporárias de reunião e o próprio sistema Airbnb têm como pressupostos necessidades físicas, reais, e buscam resolver ou melhorar situações que acontecem no mundo real. Se voltarmos um pouco no tempo, seria impossível, ou pelo menos muito difícil, pensar em tantas alternativas como as disponíveis hoje em dia. Mas nos dias de hoje, pensar exclusivamente nos formatos-padrão de sucesso ou vitória beira o desperdício. Portanto, mais do que nunca, dedique-se ao seu propósito, seja ele qual for, ou tente ao menos caminhar em direção a ele, aplicando o formulário do capítulo anterior, anotando seu comportamento, necessidades, pontos a desenvolver; desvendando, para começo de história, quem é você e o que quer fazer de sua vida.

O objetivo é ser você o máximo possível. Quando tenta isso, constrói a sua roda de propósitos da vida. Você faz o que gosta, sai de manhã para trabalhar com vontade, volta para casa ainda com energia para fazer outras coisas e dá resultados para o seu negócio ou empresa. Dar resultados para a sua empresa é dar resultados para você mesmo. Todos ganham. Quando a empresa ganha, determinados "x-avos" vão para o seu bolso. Cuidar dos resultados da empresa é cuidar desses "x-avos" que serão seus. Quando você está no lugar certo, trabalhando numa empresa com a qual se identifica, está de fato trabalhando para você mesmo. É assim que precisa pensar quando está fazendo algo. Caso se sinta trabalhando apenas para um dos lados, só para a empresa ou só para si, alguém está sobrando nessa história, e talvez você não esteja no lugar certo.

Para começar a caminhar, lembre-se de que o "não" você já tem. A sua meta é buscar o "sim".

Portanto, assim como fizemos com o inventário do autoconhecimento falando sobre quem é você e o que quer fazer, agora a proposta é falar um pouco sobre suas potências e capacidades. Fique à vontade e escreva o máximo que puder nessa sua autoavaliação.

O QUE VOCÊ SABE EXATAMENTE E QUÃO BEM VOCÊ SABE O QUE FAZ?

Qual é a sua envergadura? Você conhece os seus limites?

___

___

___

Você é um generalista ou um técnico, especialista? Pense no jeito como vê o seu trabalho.

___

___

___

Qual é a sua ambição para acordar bem e energizado para ir ao trabalho?

___

___

___

O quanto você aguenta numa tempestade? Lembre-se de que a tempestade, no mercado, é permanente.

_____

_____

_____

Você está lutando a batalha certa? Pense aonde quer chegar.

_____

_____

_____

SONHAR FAZ A DIFERENÇA

O seu sonho é um ponto no horizonte para o qual, em todos os momentos e ações da sua vida, nos nanossegundos, você está olhando e vivendo. Por exemplo, se você quer ser um artista plástico, tudo o que vê ou acha pela frente – às vezes um pedaço de madeira ou uma moeda na rua, ou algum utensílio esquecido numa parede de construção, enfim, qualquer coisa que encontrar – você vai dar um jeito de colocar no seu sonho. Isso é o que diferencia os sonhadores dos não sonhadores, e eu tenho isso como filosofia de vida.

Os não sonhadores se conformam, seguem a manada, como disse, buscam alvos fixos, convencionais, já estabelecidos.

Os sonhadores não. Seus sonhos, quando estão em sua mente, parecem ser de plástico. Quando o sonho é bem definido, eles vão incorporando a esse sonho tudo o que encontram pelo caminho. Às vezes, são coisas que nem têm a ver com o sonho, mas eles dão um jeito de trazer aquilo, de moldar aquele pensamento, ajustando o sonho, aumentando ou diminuindo o seu tamanho àquela nova circunstância. Uma pessoa que realizará um grande evento, por exemplo, enquanto planeja como o fará, vai montando o roteiro do evento com uma série de etapas, convidados, momentos especiais, apresentações, tela, coisas a que assiste num programa de televisão. Ela vai pensando e repensando o seu sonho de várias maneiras, o tempo todo – às vezes, até enlouquecendo, no bom sentido, sua equipe. Os sonhadores são assim, vão criando o próprio combustível à medida que vão sonhando, não importa muito onde estão.

Os sonhos são os mundos que você vai construir.

Mas tenha em mente: a vida não é uma linha reta. É claro que, quando começa a descobrir ou a definir o lugar onde quer chegar, você traça uma linha reta de onde está até o local que quer alcançar. Só que, quando começa a seguir esse rumo, sua trajetória oscila, às vezes mais para um lado, mais para outro, dependendo do que for encontrando pelo caminho. Curvas aparecem. Você precisa contornar alguns obstáculos, às vezes até recuar um pouco para que possa avançar depois. Muitas vezes, o destino imaginado, aquele ponto inicial sonhado, se desloca. Você precisa, então, estar preparado para isso, deixar alguma margem para manobras ao longo do caminho. São coisas da vida, de quem está constantemente em movimento, caminhando rumo ao seu sonho. Quanto mais flexível você puder ser sem perder sua essência, maiores serão as chances de alcançar suas metas.

Quando você se lança, se joga no mundo, para nos lugares mais estranhos, desconhecidos, às vezes até surpreendentes ou assustadores. Nesses lugares, alguns até inimagináveis, você vai encontrar partes do sonho que está tentando construir. Por isso, toda experiência é válida, instrutiva e sempre traz algum aprendizado.

Para encerrarmos aqui, preste atenção nos seus sonhos e se jogue no mundo real para realizá-los.

CAPÍTULO 05

DÊ O PRÓXIMO PASSO AGORA

Faz pouco tempo, eu estava revendo umas fotografias antigas que tenho aqui em casa e me chamou atenção a simplicidade, ou a falta de vaidade, com que eu aparecia naquelas imagens. Numa delas, eu estava com 23 anos e dava uma entrevista ao caderno de moda do hoje saudoso *Jornal do Brasil*, do Rio de Janeiro. A foto diz muito do que eu era e do que pensava naquela época. Tudo que eu tinha ali, naquele momento, era o meu jeito de falar, o meu jeito de tocar e fazer as coisas, uma visão que estava sendo construída, muita garra e uma crença enorme de que eu iria fazer grandes coisas na vida. Era essa a minha expressão. Já a roupa que eu usava não endossava exatamente isso. O paletó e a gravata, eu os havia comprado em prestações na própria loja em que trabalhava, na Mesbla – onde fiquei por seis anos. Lembro-me particularmente do quanto eu odiava os sapatos que usava, mas eram os únicos que tinha. O quadro era bem curioso: um jovem promissor com uma visão arrojada de como as coisas deveriam ser feitas. Eu havia sido convidado para aquela entrevista por conta da minha rede de contatos. As pessoas sabiam que eu estava na Mesbla, sabiam dos meus passos, pois eu trocava muita informação com todos os que estavam a minha volta. A jornalista tinha uma pauta e buscava ouvir jovens que atuavam no setor do varejo. Eu, portanto, era a pessoa certa, na hora certa, no lugar certo. A despeito do meu terno e gravata, e também dos meus sapatos velhos. Esse cara era eu, aos 23 anos.

Quem é você agora? Será que as roupas que você usa, os lugares que frequenta, os amigos que tem, enfim, será que os seus interesses são capazes de dizer quem é você?

É uma pergunta legítima, e você precisa tentar respondê-la. No meu caso, com essa idade, 20 e poucos anos, eu olhava para trás, via as coisas que tinham acontecido, mas nada disso me animava a olhar para a frente. Eu tinha medo, porque não sabia o que ia encontrar. Essa era uma sensação real. O passado, em certo sentido, é sempre um tempo mais seguro, você já sabe o que aconteceu, o que se passou, as coisas de alguma forma estão definidas e aparentemente resolvidas.

Mas e o futuro? Quem pode dizer como será?

Quando você tem 21 anos, ou 22, 23 anos, e se dá conta de que precisa seguir em frente, isso é assustador. Essa é a fase em que você está passando da adolescência para a idade adulta, precisa assumir responsabilidades, pensar com mais seriedade no que vai fazer na vida. É um grande desafio. O passado é acolhedor, seguro, você já sabe como as coisas são. O futuro, ao contrário, é um ilustre desconhecido. Muitos se apegam a essa imagem, tentam encontrar no futuro uma reprodução do seu passado, buscam um caminho acolhedor, seguro, praticamente sem riscos. É um erro, pois você acaba se isolando e evita aquilo que é mais precioso na vida, isto é, a oportunidade de aprender, de descobrir o novo, de viver plenamente sua vida.

Aquele "eu" da foto no *Jornal do Brasil* não apareceu por acaso. Aquilo que comecei a ser e a fazer foi fruto de uma das decisões mais importantes que eu havia tomado naquela altura da minha vida. Eu decidi sair do jugo do meu pai, dizendo a ele que não aguentava mais viver daquele jeito, ser visto, cuidado e pensado como se fosse uma empresa em vez de um filho. Meu pai tratava a nós, eu e meus irmãos, dessa maneira, como se fôssemos uma empresa. Se eu precisasse ir ao dentista, por exemplo, a análise que o meu pai fazia desse evento era sobre valores, orçamento, formas de pagamento etc. Não era a saúde que orientava suas decisões. O mesmo acontecia com outras despesas, e eu, como filho mais velho, era usado como exemplo para os meus irmãos, ou seja, as coisas de que eu precisava eram todas objeto de uma espécie de modelo de gestão empresarial que seria usada pelo meu pai para ensinar os meus irmãos.

Não era nada fácil.

Veja esse exemplo: por morar com meu pai, eu estava muito mais exposto ao jugo e dependência financeira dele e também a uma espécie de tutoria que me desagradava profundamente, pois exigia de mim fazer coisas de que eu não gostava ou que não queria, como limpar a fossa de casa e a caixa de gordura e consertar o que estava quebrado (sem que eu tivesse o menor preparo ou vocação para isso e, obviamente, sem nenhum tipo de compensação financeira). Essas coisas aconteciam por uma só razão: eu estava em casa, o que significava, para o meu pai, que eu estava disponível. Para o leitor ter ideia do controle que o meu pai exercia sobre mim, lembro que eu usava, nessa época, uma calça jeans de que gostava muito, da marca US Top, muito popular entre os jovens. Só que como toda calça, e sobretudo quando muito usada, ela naturalmente se desgastou. A minha, além de desbotada e já bem surrada, começou também a descosturar em algumas de suas emendas. Eu disse ao meu pai que precisava de outra, que aquela já tinha dado tudo o que era possível, e não dava mais para sair com ela. E qual foi a resposta? Ele me pediu que entregasse a calça a uma costureira, para que ela costurasse aqueles rasgos, que fizesse remendos e reforços na costura. Aquilo era o fim da picada para mim. Eu não queria uma calça nova por capricho (o que também não seria nada demais, é claro), mas apenas uma outra calça que pudesse usar de modo mais decente.

Claro que isso não é nenhum fim de mundo. Não estou reclamando das coisas que deixei de obter, mas da relação de completa dependência que tinha com meu pai, e do quanto isso tolhia ou inibia minhas ações.

Quando você vive com seus pais e é dependente deles, é infinitamente mais difícil sair e conquistar as próprias coisas. Isso acontece, primeiro, por uma espécie de comodismo – é claro que é mesmo mais barato e confortável ficar em casa –; e segundo, porque, ir à luta, conquistar um espaço ou lugar só seu, onde é você que define como as coisas vão ser, dá muito trabalho, exige compromisso e responsabilidade, o que, como você sabe, não é nada fácil de se ter.

Dar uma entrevista ao *Jornal do Brasil* com 23 anos foi um momento muito emblemático para mim. Eu estava começando minha vida e carreira, tinha acabado de tomar aquelas decisões sobre o que fazer em termos de escola e estudos e já me encaminhava para algo um pouco mais palpável sobre o que queria fazer da vida. Quando me lembro dos meus sapatos, dos meus trajes, e até de uma certa dificuldade financeira que tinha na época, noto que isso pouco importava. Aquilo era um sinal de que estava caminhando com minhas pernas. Eu havia escolhido um trajeto cujo pressuposto foi ter tomado a decisão de sair do jugo do meu pai. Não dá para dizer que foi fácil, porque não foi mesmo, mas eu não me arrependo. E digo mais: não fosse essa decisão, eu não teria feito metade das coisas que fiz na vida.

Usar sapatos velhos ou um traje meio surrado talvez não fosse o mais adequado naquele momento – mas era o que eu tinha, e, portanto, precisava ser flexível na vida, até que pudesse mudar de condição por minha conta. Às vezes, as condições estão aquém do ideal, os recursos são escassos e você não está nos seus melhores dias. Paciência, você precisa seguir em frente, acreditar no que tem e saber conviver com esse tipo de circunstância, dando o melhor de si para tirar proveito (aprendizagem) dessa incapacidade momentânea. Esse é um caminho de crescimento. Ter saído de casa implicou tomar uma série de outras decisões importantes. A partir daquele momento, tive de mudar meu modo de olhar as coisas e a vida, assumindo inteiramente para mim a responsabilidade pelas minhas escolhas. Responsabilidade significa responder conscientemente pelas coisas que se faz e quer fazer. Das mais simples às mais complexas e caras. Se você vai morar sozinho, precisa cuidar da sua casa, caso contrário, ninguém vai fazê-lo por você. Isso implica, num exemplo bem simples, apagar as luzes antes de dormir ou assumir que sua conta ficará mais cara caso você não tome esse tipo de providência. Só que você não sai de casa apenas para fugir do jugo do seus pais. As pretensões sempre são maiores: você quer uma vida melhor ou, pelo menos, uma vida que seja do jeito que você quer. Isso implica pensar não só o que quer fazer, mas como vai fazer para conseguir realizar o que quer. No meu caso, eu queria ganhar dinheiro trabalhando numa empresa de marketing.

Mas o que era uma empresa de marketing em 1981, 1982? Propaganda? Não só isso. Estratégia, campanhas, atendimento? Bem, era um pouco de tudo isso. O meu pensamento era mais ou menos esse: *Se eu vou trabalhar numa loja ou empresa que entrega produtos e mexe com consumidores, tem de ter um marketing por trás, um marketing para falar com esses caras, para atingi-los.* Essa era a minha direção. A oportunidade na Mesbla apareceu dentro dessa ideia. Eu consegui a vaga por conta daquelas minhas conexões e networking (que nem eram tantos, mas eram *bons* o suficiente para me pôr em contato com o que mais importava na época), dos quais surgiu a indicação de um amigo, cujo irmão, por sua vez, trabalhava nessa empresa.

Eu entrei no programa de *trainee* da Mesbla em 1981. Costumo dizer que dei sorte, a julgar pelo que a empresa me proporcionou e pelo que aprendi lá dentro. Sorte, porém, naquele sentido de que, de novo, estava no lugar certo e na hora certa – que é onde você precisa estar o máximo de tempo possível. Se tem interesse por alguma área, empresa ou negócio, o lugar certo e a hora certa são aqueles momentos em que você prospecta essas informações e entra em contato com pessoas que já fazem ou se interessam por essa mesma atividade. Enfim, estar no lugar certo e na hora certa é, sobretudo, fazer as coisas certas e, também, aquelas que precisam ser feitas para você alcançar o que quer.

Falo também em sorte no sentido de que trabalhar naquela empresa era uma espécie de "brincadeira de gente grande". Quer dizer, eu gostava muito de estar lá, de fazer o que fazia. Esse é um sinal inequívoco do sucesso. Apesar de querer ganhar dinheiro, não era isso que me guiava; a quantia ganha era consequência desse fazer, de estar ali, de ter conseguido juntar as coisas, encontrar o meu caminho, ter tomado as decisões mais difíceis e conseguido chegar onde cheguei. É o que chamo de sorte.

Mas posso chamar também de foco, estratégia, trabalho duro, vontade, muita fome!

UM ERRO ESTRATÉGICO... ACONTECE...

Um ano depois de ter entrado na Mesbla, eu fui, como comprador júnior, transferido para uma nova filial da companhia, no Shopping Rio Sul, cujo volume de vendas não era compatível, naquele momento, com o que esperava a direção da empresa. Lembro que, quando assumi essa posição, minha sensação era de que tinha me tornado um profissional da área, alguém cujo fazer exigia um determinado nível de conhecimento prático e teórico – precisamente o que eu vinha aprimorando no meu dia a dia.

Eu estava no caminho.

Mas veja como as coisas se desenrolaram, e como as escolhas que fazemos acabam determinando a nossa trajetória. Como disse, eu queria ganhar dinheiro trabalhando numa empresa de marketing. São duas coisas distintas: (1) ganhar dinheiro e (2) trabalhar numa empresa de marketing. Pensando logicamente, são atividades que nem sempre se associam, por várias razões: você pode ganhar dinheiro em muitos lugares e, da mesma forma, pode trabalhar com marketing e não ganhar tanto dinheiro quanto gostaria. Pois bem, nessa época eu já estava casado, e minha esposa, Débora, trabalhava como representante comercial, ganhando de duas a três vezes mais do que eu. Sem dúvida aquilo era algo muito tentador. Como representante comercial, eu poderia ter vários clientes e, logicamente, ampliar bastante minha receita. Mas havia um dilema: eu tinha quatro anos de Mesbla, fazia o que mais gostava e estava no melhor lugar possível da empresa naquele momento. Ou seja: tudo isso *versus* a possibilidade de ganhos ilimitados como representante comercial.

Bem, o que eu fiz?

Quatro anos depois de ter assumido uma das melhores posições até então em minha vida, eu me demiti, deixei a Mesbla e me lancei no mercado, abrindo uma empresa de representação comercial.

Vale ressaltar que eu não havia saído de uma companhia qualquer. Para você ter ideia, no final dos anos 1980, a Mesbla tinha cerca de 180 pontos de venda espalhados por todo o país, com quase 30 mil funcionários. Em 1986, a organização foi eleita pela revista *Exame* como a melhor empresa do Brasil.[26] Em 1990, ela chegou a faturar 1,7 bilhão de dólares[27] – cifra das mais expressivas para a conjuntura da época. A minha demissão se localiza no começo dos anos 1980, justamente bem próxima aos melhores momentos da empresa.

A despeito desse cenário promissor e favorável, eu acabei virando representante comercial, sem me dar conta de todos os pressupostos necessários para exercer essa função. A razão obviamente foi financeira; exclusivamente financeira. Foi quando o desejo se desgarrou do propósito,

---

[26] MESBLA. **Wikipedia**, [s.d.]. Disponível em: https://pt.wikipedia.org/wiki/Mesbla. Acesso em: 01 dez. 2020.

[27] MESBLA. **Origem das marcas**, 5 out. 2011. Disponível em: https://origemdasmarcas.blogspot.com/2017/03/mesbla.html. Acesso em: 01 dez. 2020.

"ENFIM, ESTAR NO LUGAR CERTO E NA HORA CERTA É, SOBRETUDO, FAZER AS COISAS CERTAS E, TAMBÉM, AQUELAS QUE PRECISAM SER FEITAS PARA VOCÊ ALCANÇAR O QUE QUER."

de que tanto falamos aqui. Eu fui pelo dinheiro e me lancei numa área que nada tinha a ver comigo. Não havia propósito nessa escolha, eu não tinha a ambição de construir ou realizar um grande projeto, como acontecia na Mesbla. Pior: não me sentia completo dentro dessa atividade. Trabalhar como representante comercial exigia construir relações de confiança, pressupor uma dedicação enorme e exclusiva em abrir frentes de negócios e estar mergulhado nesse ponto da operação: o desenvolvimento de relações com o cliente. Ter paciência, fé, saber tomar "chá de cadeira", saber que o cliente só vai confiar plenamente em você depois da décima ou vigésima entrega perfeita, saber que você vai começar a ganhar dinheiro só depois da "enésima" entrega perfeita, enfim, são aspectos que fazem parte do perfil de um representante comercial. Sem contar que você, nessa posição, tem muito pouco respaldo logístico das empresas que o contratam. No fundo, você está por conta e risco próprio, sendo que passa a responder tanto pelo sucesso quanto pelo fracasso do produto – assumindo todo o ônus da operação. É uma atividade que tem seus méritos, obviamente, mas exige um perfil talhado para esse fim, o que, definitivamente, não era o meu caso. Um fim, portanto, que não fazia parte do meu propósito, pois estava longe da minha disposição e daquilo que eu mais queria fazer ou seguir como profissional.

Como explicar esse erro crasso na minha trajetória?

A resposta é simples: eu não segui o protocolo daquilo que recomendo nestas páginas. Não fiz a devida análise da situação nem listei todos esses requisitos que já mencionei. Não era só uma questão de saber como funciona uma determinada área ou posição, mas principalmente de saber se teria capacidade ou não de me adequar a ela. E mais: "É isso mesmo o que você quer fazer da sua vida?" – era a pergunta que eu deveria ter feito.

Aqui era o momento ideal para pôr em prática, novamente, os métodos catarse e SWOT; este, acrescido de outras perguntas (e dentro da minha realidade).

RETRATO DA SUA TRAJETÓRIA NO PONTO EM QUE SE ENCONTRA AGORA

- Quem você é neste momento?
- O que conquistou até então e que o credencia para esse novo voo?

- O que está buscando de fato nessa nova empreitada?
- Seguir nesse novo caminho vai fortalecer o seu propósito (ou não)?
- Você está preparado (técnica e emocionalmente) para esse novo desafio?

Sem prejuízo dos questionários que propus nos capítulos anteriores, essas eram perguntas vivas, que estavam inseridas naquele exato contexto – e que você deve adaptar e fazer em sua vida.

Eu não as fiz. Naquele momento, eu estava num ímpeto incrível, tinha consciência da minha capacidade de realização, estava muito confiante, com fome, vontade de ganhar dinheiro, tudo isso junto e misturado – e por isso abri mão do protocolo que pedia/exigia que eu analisasse aquele meu momento.

Em resumo: dei com os burros n'água.

QUEM É QUE SABE O QUE VOCÊ ESTÁ FAZENDO HOJE?

Pouco tempo depois, voltei à Mesbla, onde fui recebido de braços abertos – porque eu os havia deixado também dessa forma. Claro que pesou, e muito, o fato de eu ser um profissional de primeira linha, de ter deixado boas e importantes marcas em minha passagem pela empresa; quer dizer, já naquela época eu me mostrava um promissor estrategista, com uma linha de atuação muito vigorosa e eficaz no complexo mundo do varejo.

Posso chamar isso de sorte; eles chamaram de competência.

Eu então voltei, agora para atuar numa nova área, no setor de compras, numa outra linha de produtos. E aí aconteceu uma coisa curiosa. Já atento àqueles meus questionários e análises sobre o momento que vivia, até porque voltar à Mesbla implicou uma série de avaliações, logo percebi que aquela já não era mais a empresa onde eu pensava me realizar profissionalmente. Uma série de mudanças estruturais (ambiente, organograma, relações) tinha se processado, e eu havia ido para uma outra gerência, o que me permitiu ter diferentes pontos de vista, pensando a empresa de diferentes modos. De fato, essa nova gerência não me estimulava, não me fazia sair da cama pela manhã com toda aquela garra e disposição para revolucionar o mundo. Muito pelo contrário. E veja que interessante: eu havia resgatado o propósito, estava ganhando dinheiro, mas o lugar já não era mais o mesmo. As coisas tinham mudado, e era preciso estar atento a isso se eu quisesse continuar no jogo.

A forma como os gestores passaram a pensar e a gerir o negócio dá uma ideia do que estava acontecendo. Por exemplo, notei que a empresa estava "dando as costas" para o cliente, em razão de focar mais a produtividade e os controles burocráticos. Em muitos sentidos, isso funcionou bem no âmbito gerencial, mas o olhar no dia a dia da empresa, a percepção do cliente, de sua satisfação, isso vinha claramente se perdendo. Com isso, a companhia se burocratizou, tornou-se mais lenta – como sempre ocorre em situações como essas –, de modo que foi ficando cada vez mais claro que aquela não era mais a empresa que eu conhecera e na qual queria trabalhar.

Um episódio emblemático dessa transformação (repetido frequentemente) ocorria quando o ascensorista era obrigado a travar a fila dos funcionários para que o dono da empresa, ao chegar no hall de entrada, subisse sozinho no elevador até o seu andar. Ou seja, em vez de o dono/presidente aproveitar esse momento para conversar com os funcionários, criar vínculos e se inteirar do que se passava na companhia, ele simplesmente se isolava como um personagem exclusivo, que se distinguia de todos os demais como o dono da empresa. Isso contaminou negativamente todos os empregados.

A Mesbla estava vencida para mim. Resumindo, eu havia perdido o tesão de trabalhar lá.

Eu pensei: *Não estou no lugar certo. Será que errei de novo ao voltar?*

Seja lá o que tinha acontecido, o fato era que aquilo não era mais eu. Isso estava claro para mim.

A pergunta-chave na catarse é exatamente essa: "Quem é você?". Tudo o que você pergunta tende a responder a essa simples, mas variável, questão. O sentido da catarse é precisamente este: *quem é você* bate com *o que você está fazendo*? Saindo daqueles complementos óbvios, a resposta certa está nas coisas que você faz, no lugar onde as faz e no que espera ganhar ao fazê-las. Você precisa estar nesse lugar.

Apesar de ter perdido o interesse, eu não queria brigar com a Mesbla para estar no lugar certo. Eu era jovem, tinha pressa, algumas coisas começavam a ficar mais claras, e tentar mudar uma mentalidade não era exatamente o que mais me estimulava naquele momento. Sobretudo porque havia uma outra empresa em que essa nova mentalidade estava se estabelecendo. A bola da vez eram as Lojas Americanas, que tinham sido compradas pelo Grupo Garantia. E novamente, por conta da minha pequena, mas estratégica, rede de contatos, eu acabei sendo contratado por essa empresa.

Ajudou nisso o fato de o presidente das Americanas, José Paulo Ferraz do Amaral, já conhecer um pouco do meu trabalho e do meu jeito de atuar. Isso se deu numa apresentação que fiz a ele de uma determinada linha de produtos, acho que eram carteiras, quando ainda trabalhava na Mesbla. Mostrei algumas daquelas nossas carteiras, e ele objetou dizendo que achava o produto meio inadequado, pois não cabiam nele, por exemplo, nem cartões de visitas nem moedas. Ele chegou até a me perguntar onde eu guardava as minhas moedas (lembre-se de que essa era uma época de hiperinflação, e usávamos muitas moedas). Eu disse que as guardava nos bolsos, em saquinhos, o que parecia comprovar a tese dele de que as carteiras eram inadequadas para os consumidores da Mesbla. Eu não me dei por vencido e defendi com unhas e dentes a construção daquela linha. Lembro que isso o impressionou bastante.

Nessa ocasião, eu já era destaque na Mesbla, as pessoas sabiam que havia um diferencial no meu jeito de fazer as coisas, e o próprio presidente, como eu disse, pôde comprovar isso naquela apresentação. Ele viu de perto que eu era um cara que lutava pela empresa, que estava disposto a entregar resultados e que também era querido pelos colegas. Assim que o José Paulo começou a montar a equipe dele nas Americanas, sugeriram o meu nome, que ele já conhecia. Foi quando me chamaram, negociamos as condições e fui então admitido.

Tem um ponto aqui que me faz lembrar daquele velho ditado que diz: "Não basta botar o ovo, *tem que cacarejar*". Isso era algo que eu fazia naturalmente. Eu falava com as pessoas, conversava com os meus colegas de mercado sobre as coisas que fazia, contava minhas conquistas e, sem vilipendiar ninguém ou nenhum dos meus valores, mostrava o que estava fazendo e o que queria alcançar. Eu falava, porque era apaixonado pelo que fazia. E essas coisas contagiam, inspiram, e todo mundo quer ter do seu lado alguém que jogue a favor, gente que se entusiasma, contagia. Esse era o meu caso. E isso estava no ar, o mercado de alguma forma sabia da minha existência.

Você já pensou sobre isso?

Quero dizer, já pensou nas coisas que faz e naquelas que valeria a pena dizer para o mundo? Não falo apenas em trabalho, mas em feitos, paixões, causas, coisas para as quais você se entrega e luta, como eu fiz, com unhas e dentes?

Isso não é só uma questão de marketing pessoal, de propaganda, de alardear qualquer coisa que você faz, com o intuito exclusivo de conseguir *likes* nas redes sociais. Eu não falava dos meus feitos para conseguir novos empregos nem barganhar salários. Não era essa a ideia. Eu falava, porque acreditava no que fazia; aquilo estava dentro de um propósito que eu havia escolhido seguir. Quando falava, isso era fruto de conversas, troca de experiências, impressões, opiniões. Eu buscava pessoas que tinham interesses similares aos meus ou, pelo menos, que demonstravam vontade de crescer e aprender. Era isso o que me motivava a falar. Queria fazer mais e melhor, queria aprender mais, e conversar era uma espécie de combustível desse movimento.

O efeito subjacente era que o mercado sabia da minha existência tanto quanto do que eu estava fazendo. E isso, sinceramente, não era nada mal.

Sobre esse ponto, vale aqui ressaltar a importância de usar o seu networking, no sentido mais amplo possível do termo, para divulgar trabalhos e projetos. Tempos atrás, você basicamente contava apenas com dois modos de divulgar o que era e o que fazia. O primeiro modo era o uso formal e invariável de enviar o seu currículo ao mercado. A segunda possibilidade era, eventualmente, comentar o seu trabalho com amigos ou, dependendo do seu nível e condição profissional, redigir "releases" ao mercado e, com alguma sorte, ter o seu trabalho divulgado em revistas e jornais especializados. Hoje isso mudou radicalmente. Primeiro que você pode contar com plataformas e redes profissionais de socialização como o LinkedIn, Bayt e Bebee, entre outras, e pelas quais poderá divulgar seus trabalhos, projetos, interagir e, inclusive, acompanhar empresas e projetos de terceiros. Também é possível divulgar trabalhos e portfólios em redes como o Behance, DeviantArt, Clippings, e muitas outras – espaços virtuais em que você poderá acompanhar o que vem sendo produzido no mercado e se autoavaliar (a partir de comentários dos internautas) em relação a isso. Mas você pode ir além. Por exemplo, é possível pensar em blogs ou mesmo em canais de vídeos, como o YouTube e o Vimeo, plataformas em que poderá gravar programas inteiros com minipalestras, entrevistas ou comentários. O melhor de tudo isso é a possiblidade de fazer todas essas postagens de maneira absolutamente profissional, localizada e de maneira bem específica, atingindo exatamente o alvo que quer alcançar.

Deixo aqui algumas perguntas para você definir um tema e trabalhar a divulgação dos seus projetos.

AÇÕES PARA O MERCADO CONHECER OS SEUS PROJETOS

Qual é o seu tema?
(Se você já tem experiência, o seu tema provavelmente vai se definir pela sua área de atuação. Agora é hora de organizá-lo e apresentá-lo ao seu público. Se você está começando agora, pesquise e aprofunde seus conhecimentos de modo que possa definir o seu campo de atuação e o assunto que abordará.)

Quem é o seu público-alvo?
(Este é um ponto importante. Defina o seu público de acordo com o tema/assunto que quer divulgar. Podem ser empresas, profissionais que atuam em campos específicos ou ambos.)

Como será a abordagem?
(Isso tem muito a ver com o perfil do seu público e com o tema escolhido. Serão entrevistas? Comentários? Críticas? Uma mescla de tudo isso? Bem, o céu é o limite.)

_____

_____

_____

Com que frequência você fará suas postagens?
(A periodicidade é um ponto-chave, pois a partir dessa definição será possível fidelizar o seu público. Você precisa seguir com rigor esse aspecto.)

_____

_____

_____

Qual plataforma vai usar?
(Blog, vídeo, redes ou um pouco de tudo isso? A decisão é sua, mas não deixe essa definição apenas na conta da sua vontade. Pesquise, estude o mercado, conheça a concorrência e avalie o que é melhor para você e o seu negócio ou serviço.)

_____

_____

_____

Você já pensou em custos?
(Sim, eles existem, tanto quanto a possiblidade de você conseguir financiamento ou patrocínio. Pense em parcerias com colegas ou empresas. Tudo que você precisa, antes de começar, é ter um bom projeto.)

_____

_____

_____

Como medir a satisfação da audiência?
(Esse é outro ponto importante – e decisivo. Você precisa saber exatamente o que está buscando e o que está obtendo. Criar canais de interação com o seu público é essencial para saber como está se saindo. Novamente, pesquisas e parcerias costumam dar bons resultados. Avalie e experimente.)

_____

_____

_____

Bem, agora é com você. Adapte, amplie ou ajuste essas perguntas conforme os seus interesses e necessidades. Seja o mais específico que puder.

ONDE ESTOU E AONDE VOU – LIGANDO OS PONTOS

Depois de algum tempo nas Americanas, percebi que aquele não era também o meu local – apesar de estar no mesmo segmento, no varejo. O que ocorria é que as Lojas Americanas estavam num amplo processo de transformação, num ritmo aceleradíssimo. E eu era parte disso, fazia um trabalho de propaganda e promoção muito intenso, trabalhando quatorze horas por dia, todo dia. Era massacrante. Lembro que o José Paulo às vezes falava comigo com os olhos quase fechando: "Janot, está escuro, mas não está tarde". Ele despachava comigo às 11 horas da noite – sendo que eu chegava à companhia às 7 horas da manhã.

Quem aguenta um ritmo desse o tempo todo?

Eu queria ser feliz, queria ver minha esposa e não queria me sentir destruído no fim de semana. É claro que há momentos em que você não tem escolha, por um certo período faz até sentido uma entrega insana como essa. Mas ter isso como regra não faz o menor sentido.

Não dá para dizer que foi um erro a minha ida para as Americanas. Era uma tentativa. Nem sempre você acerta. Veja que, como disse, eu estava no segmento que queria, sentia-me até motivado pelo negócio (afinal, o projeto Americanas era realmente estimulante e desafiador), mas o *modus operandi* era cruel demais; e pior: era, naquele momento, o "jeito Americanas" de ser. Quem estava lá não tinha escolha.

Depois de nove meses – e pelo que trabalhei poderia dizer que foram nove anos! –, quando eu me preparava para deixar as Americanas, apareceu a Richards. A metáfora-dilema que uso para esse momento é a seguinte: você prefere ser rabo de elefante ou cabeça de formiga?

A resposta é muito relativa e depende muito do que você está buscando. Não importa tanto onde você está, mas *como* você está – naquele sentido de quão próximo se sente em relação às coisas que está buscando ou quer fazer.

A Richards foi uma companhia comprada por alguns dos integrantes do Grupo Garantia (o mesmo grupo de investidores das Lojas Americanas). A ideia era transformar a empresa numa espécie de Ralph Lauren brasileira. Nessa época, 1987, a Richards tinha apenas três lojas, e o negócio era tocado pelo casal fundador, que estava bem de vida. Eles queriam profissionalizar a gestão da empresa, crescer e expandir o negócio. Foi quando eu entrei e, de certa forma, tive a oportunidade de virar chefe de mim mesmo. Para alguns dos meus colegas que estavam estruturando suas carreiras na Mesbla e nas Americanas – e também do mercado, em geral –, aquela minha escolha era vista como um passo atrás, uma descida na carreira. No entanto, foi justamente ali, na Richards, que eu encontrei o meu mar para trabalhar, construir, crescer e me realizar. Eu amava aquela empresa e tralhava lá com uma alegria enorme.

Talvez você, leitor, imagine que essa era a empresa que eu deveria ter procurado o tempo todo. Mas eu não tenho certeza disso, até porque nem sabia direito que essa seria a empresa onde encontraria as melhores condições para fazer o que fiz. A questão é que tanto essa empresa, a Richards, como o meu desenvolvimento são coisas que foram construídas ao longo do tempo. Se eu não tivesse passado pela Mesbla, pelas Americanas, e inclusive pela minha desastrosa experiência como representante comercial, muito provavelmente não teria tido tempo nem experiência suficientes para ser, naquele momento, o cara certo na Richards – tanto para a empresa como na minha perspectiva profissional.

Essa visão de que as coisas estão em constante movimento é a justificativa central para que você ponha em prática o método que indiquei no capítulo anterior. Se o mundo muda, as empresas mudam, as demandas mudam, tanto quanto as operações e os processos, por que você não mudaria? Não quero dizer que você deve alterar a sua rota ou mudar de profissão (a não ser que esteja no lugar errado, fazendo a coisa errada). O que quero dizer é que você precisa estar atento ao que acontece em sua vida. Os ajustes são não só necessários como inevitáveis se você estiver no caminho certo – isto é, no seu caminho. Mas você só faz isso quando tem essa percepção, quando constrói repertório, quando consegue olhar não apenas o que fez, mas, sobretudo, o que quer fazer em perspectiva.

Não há um único caminho, assim como não há um destino fixo e definido. Como diz o poema, *"o caminho se faz ao caminhar"*.

Em cada companhia pela qual passei, meu couro foi sendo curtido. Aprendi novas coisas, tive grandes experiências e não só aceitei como compreendi o fato de que existem diferentes formas de fazer, pensar e gerir um determinado negócio ou carreira. Quando você percebe isso e tem esse couro curtido, essa casca, isso o ajuda a caminhar nos mais diferentes ambientes. Você passa por coisas que desconhece, por situações com as quais não concorda, muitas vezes tem de abrir mão de algumas crenças e fazer o que precisa ser feito ou o que lhe pedem. Às vezes, todo o trabalho se resume a um jeito de sobreviver. Se você sobrevive, supera dilemas e desafios, acaba ganhando musculatura emocional e será capaz de dar grandes passos no futuro.

O gestor ideal é aquele que consegue trabalhar da melhor maneira possível com o que tem disponível, buscando, com o tempo, ampliar frentes e resultados até atingir o ambiente ideal, que lhe permitirá pôr em prática tudo o que sabe, pensa e acredita. Se você acha que vai fazer uma revolução na primeira empresa em que entrar porque leu meia dúzia de livros, é bom tirar o cavalinho da chuva. As coisas não começaram a acontecer no primeiro dia em que você veio ao mundo.

Um dos testes fatais por que passam potenciais gestores quando estão em início de carreira é aquele em que recebem uma meta e são obrigados a cumprir aquilo, independentemente do tempo disponível (que sempre é escasso) ou de concordar ou não com aquilo que lhe pedem. O primeiro grande teste de um potencial gestor ou CEO está ligado à sua capacidade de *fazer coisas*, realizar, atingir objetivos, se comprometer e se responsabilizar. Se você quer ser um CEO ou um líder de verdade, precisa gostar de gente, precisa saber se comunicar com clareza, em todos os níveis e hierarquias, tanto no plano vertical como no horizontal, sendo capaz de inspirar pessoas e resolver conflitos. Na minha passagem por essas empresas, sempre prestando atenção no que acontecia, eu pude desenvolver disciplina, foco e determinação nas coisas que fazia, apesar desse meu zigue-zague em todas essas operações. Nas Americanas, por exemplo, eu fui sendo, sem saber, preparado para o desafio que viria a seguir, na Richards. Eu participei de vários projetos, competindo com profissionais muito valorizados por conta de sua formação, a maioria deles com MBA e cursos internacionais. E a despeito disso, eu me destacava porque era muito rápido e tinha tido uma vivência rica, com desafios e dificuldades que a maioria deles sequer chegou a ter tempo, naquele momento, de ter.

Quando cheguei à Richards, é claro que as coisas não foram fáceis. O casal proprietário, por exemplo, tinha uma série de divergências entre si; sua relação era mesmo difícil, dentro e fora da companhia, e isso se refletia no negócio. Eu não conhecia o jeito da empresa e tampouco a forma como eles operavam. O Ricardo – um dos donos – foi um grande guru para mim. Ele tinha pouco mais de 40 anos; eu estava com 26, com uma vontade enorme de aprender e uma capacidade, em parte já comprovada, de fazer grandes coisas. Juntamos isso, essa minha capacidade, a vontade (fome!) e um sujeito disposto a me ensinar como funcionava aquele negócio e o mercado em que estava inserido. O saldo foi superpositivo.

A Richards era uma loja de grife, tinha roupas maravilhosas, atuava num ambiente muito sofisticado. No começo, eu tive muita dificuldade, até pelo meu desconhecimento, e o próprio Ricardo percebeu que eu não estava agregando muito naquele momento, apesar do meu potencial. Mas, por conta daquela minha vontade e dedicação, eu já estava tocando em todas as partes da empresa, tentando entender como aquilo tudo funcionava. Com toda essa disposição, acabava sendo uma boa matéria-prima na mão do Ricardo; ele me trabalhou enquanto profissional, me ensinou coisas incríveis, que me foram muito úteis em vários outros momentos – embora o aprendizado essencial tenha sido o de me aprimorar como ser humano.

Ricardo lia muito e me trazia frases que me inspiravam imensamente, como: "O ser humano responde a estímulos positivos"; ou: "Nunca destrate ou humilhe uma pessoa"; ou ainda: "O ser humano conta muito". São frases simples, às vezes até óbvias, mas poderosas, e às quais quase não prestamos atenção. Mas quando você convive com alguém que acredita nelas e pratica o conceito que elas trazem, você aprende e se desenvolve como pessoa. Eu aprendi a olhar com mais atenção as pessoas, algo que numa empresa muito grande você acaba perdendo de vista. Esse foi um dos grandes legados que o Ricardo me deixou.

Mas, voltando à empresa...

No dia a dia, eu era muito rápido e preciso. Tentava antever as coisas e agia de modo a fazer com que tudo funcionasse. Enquanto gerente de produto, eu tinha de fazer a mercadoria chegar na empresa e ser exposta na loja. Isso acontecia em várias fases, e me ajudava bastante a conhecer toda a companhia, aprendendo e compreendendo os seus processos. Nesse período, o meu crescimento profissional se deu de maneira estruturada, de modo que no fim de dois anos, e sem que ninguém oficialmente me desse o cargo, eu me tornaria CEO de fato, ou diretor-geral da companhia.

Essa passagem pela Richards, apoiada pela orientação dos gurus que tive, junto com aquele meu zigue-zague pela Mesbla, depois como representante comercial, Lojas Americanas, a leitura constante de jornais (coisa que fazemos hoje por tablets e celulares) para acompanhar o que acontecia no mercado, enfim, depois disso tudo, comecei a fazer algumas interpretações mais realistas do mundo – realistas no sentido de que passei a me incluir nessa conjuntura. Passei a me ver como parte da coisa, me enxergar dentro do mercado. Comecei a criar um senso que me permitiu dizer *isto eu quero fazer* e *isto eu não quero*. As minhas escolhas passaram a ser não só mais consistentes, mas também consequentes. Àquela altura, tinha um mapa na mão, uma rota, e comecei a construir esse caminho. O paladar foi ficando mais apurado, como me disse o autor de um livro que ganhei há pouco e cujo título é O *paladar não retrocede*, de Carlos Ferreirinha.

Eu fiquei dez anos na Richards, como CEO, de fato, mas nunca por direito. Não fui elevado nem nomeado formalmente para esse cargo. Até porque, numa empresa familiar desse porte, os rótulos nem sempre correspondem à realidade. O que conta é o fato, é o que acontece, aquilo que fazemos. Eu sempre fui reconhecido por isso, pelo que fazia, antes de qualquer outra coisa. Sete anos depois de estar nesse cargo, eu fiz o meu MBA em Administração. De modo geral, um MBA é uma espécie de porta de entrada para o mercado. Como esses cursos tendem a ser bastante práticos, ou pelo menos apresentam um quadro da realidade muito próximo daquilo que de fato acontece no mercado, é quase senso comum dizer que um aluno de MBA acaba obtendo conhecimento sem experiência. O indivíduo faz um curso desses e chega a ter uma visão mais definida de como as coisas se passam numa empresa ou no mercado. Mas o curso não dá experiência – ou, pelo menos, passa apenas uma ideia teórica dessa experiência. No meu caso, como eu disse, o curso me fez pôr as coisas que eu sabia em caixinhas. Ou seja, me ajudou a organizar meu conhecimento e experiência.

Acho esse aspecto interessante, porque você provavelmente já deve ter ouvido algo sobre como é importante ter ou fazer algum MBA ou algum curso de extensão, *lato senso* ou oficinas dedicadas. Isso é muito comum, e, não posso deixar de dizer, ajuda bastante a construir uma visão de como as coisas acontecem. Mas me parece que é muito mais produtivo e adequado fazer um curso desses (de extensão, MBA etc.) se já estiver na sua trilha, se já estiver atuando ou de alguma forma vivenciando algum projeto, empreendimento ou carreira. Nessas condições, o aproveitamento é muito maior, e as possibilidades e alternativas de colocar em prática aquele conhecimento (agora de modo mais estruturado) também aumentam. Quando fiz o meu MBA, me senti muito confortável com aquele conteúdo, sem contar que tudo aquilo ganhou uma dimensão incrível no meu modo de ver e fazer as coisas – justamente porque eu já fazia essas coisas que supostamente estava aprendendo a fazer.

Lembro-me de uma ocasião em que estive com alguns executivos e *headhunters*, gente com MBAs em Harvard, com formação no Insead e em vários outros países. Falávamos sobre formação, experiência e sobre o impacto que isso tinha na vida das empresas. A certa altura, eu disse o seguinte: "Eu não estudei em nenhum desses lugares. Eu estudei no chão de vendas. Estudei na lida; se quiserem me contratar para fazer número bonito, não vai dar certo, eu não consigo fazer. Mas se quiserem que eu entregue número bonito, isso eu faço e entrego, esse é o meu melhor papel".

Novamente reforço aqui o que quero deixar claro: você precisa ter conhecimento, e estudar é uma das formas de obtê-lo. Quanto mais, melhor.

Dez anos depois, eu saí da Richards. Era um outro momento. O mercado tinha mudado, muita coisa tinha mudado e, obviamente, eu também tinha mudado. E aqui fui obrigado a fazer de novo o meu questionário (o método catarse, numa outra adaptação):

- Quem era eu àquela altura?
- O que tinha feito?
- O que estava buscando?
- Onde queria atuar?

Esse último ponto foi estratégico. Eu vivia no Rio de Janeiro, mas naquele momento o Rio era uma "poça d'água". Eu poderia enviar currículos, mas as oportunidades eram poucas. Onde iria trabalhar? Quais eram as minhas chances?

Foi nesse momento que apareceu a Zara. Uma *headhunter* de São Paulo me procurou dizendo que a Zara não tinha encontrado no estado ninguém com o estilo da empresa – que era justamente o meu perfil. Eles procuraram as melhores operações no Brasil, e a Richards, no Rio, foi indicada como a melhor loja então. Bem, quem tocava aquele negócio?

Eu vestia a luva da Zara. Eu era, como me definiam, completamente "mão na massa" (eu tocava as coisas diretamente, ia aos departamentos, acompanhava os processos, sabia o que estava acontecendo), liderava pelo exemplo, falava com todos, do porteiro ao presidente, e tinha o espírito que eles queriam, que era aquele *hands on*, ou seja, pronta disposição para atender a qualquer necessidade.

Conversei com a minha esposa, Débora, e decidimos nos mudar.

Eu estava preparado.

Fui contratado pela Zara com um salário de 33 mil dólares por ano. Para a época, isso era uma fábula. Até então, eu ganhava, mais ou menos, a metade disso – o que era considerado a metade do teto de ganhos de um executivo no Rio de Janeiro. Ou seja, eu fui contratado pelo dobro do que ganhava para começar uma carreira internacional. Claro que havia riscos. O primeiro deles é que eu não tinha um contrato de trabalho, pois eles ainda não haviam conseguido abrir a empresa no Brasil. Eu fui treinar na Espanha, sede da empresa. O segundo risco, não calculado, é que eu não conhecia a cultura do fundador da empresa (no caso, a Espanha) e, sobretudo, a cultura da própria companhia. Eu tive de fazer três grandes adaptações culturais, em que se confrontavam:

- Brasil *versus* Espanha;
- O *modus operandi* da Richards *versus* o *modus operandi* da Zara;
- Ficar oito meses em estágio na Espanha, circulando por longos períodos em vários países da Europa, para conhecer e compreender o que era a Zara *versus* sair do Brasil e deixar as coisas de que mais gostava para trás.

Passado o impacto inicial, consegui desenvolver e implementar o projeto Zara no Brasil – e com louvor! Aqui, entrou aquele outro traço meu, superimportante: o de construtor de catedrais, que é como me considero e também como sou visto.

A definição que tenho para um construtor de catedrais é esta: quando você está assentando um primeiro tijolo numa construção, pode imaginar que aquela será a parede de uma sala ou a parede de uma casa ou a primeira parede de uma catedral. É uma questão de perspectiva, e isso tem muito a ver com o seu modo de ver as coisas, de olhar o que faz e de ver e pensar o futuro.

Quando você faz o seu trabalho, o que está de fato construindo? Você se dá por satisfeito depois de assentar um tijolo? Ou você consegue ver algo mais que isso?

EXERCÍCIO PARA A DEFINIÇÃO DE ALVOS

Quais são as suas catedrais?
(Do lugar onde está, você consegue ver aonde quer chegar? Se sim, o que está vendo? Pense no caminho que vai percorrer e no que precisará ter ou aprimorar no trajeto. Observe que tão importante quanto criar a própria visão de futuro é se preparar adequadamente para ela.)

_____

_____

_____

Se você já consegue estabelecer essa visão, o que está fazendo hoje para consolidá-la?
(Quanto do seu tempo e recursos, hoje, são dirigidos para a construção da sua catedral?)

_____

_____

_____

Como você avalia as dificuldades, o tempo necessário para conseguir chegar lá e como lidar com os imprevistos?
(Aqui, você precisa construir o seu mapa, definir o seu itinerário, considerando imprevistos, dificuldades e até mudanças de rumo. Quanto mais claro e detalhado for o seu planejamento, mais controle você terá do processo.)

_____

_____

_____

É claro que parte disso, dessas construções, está nos resultados que você entrega no dia a dia, nas semanas, nos meses, anos etc. O que me move e me estimula como desafio é a vontade de construir catedrais, de construir um grande projeto – um negócio, uma operação –, de fazer o meu trabalho superbem-feito. Essa é a melhor forma que tenho de crescer dentro de uma grande empresa.

Fiquei oito anos na Zara. Só deixei a companhia quando consegui colocá-la nos melhores pontos do país – leia-se Shopping Iguatemi, em São Paulo, entre outros – e depois de ela começar a dar lucro. É claro que não foi um período permanente de alegrias, nenhum mar de rosas. Nunca é! Tanto que, no sexto ano de companhia, eu já estava exausto, insatisfeito, queria sair, mas não podia deixar a empresa e ouvir do mercado algo do tipo: "Está doendo?"; "Está difícil?"; "Você não vai entregar o que prometeu?". Isso era impensável para mim.

Sim, claro, estava doendo, era difícil, mas eu ia entregar o que havia prometido. E entreguei. Um ano antes de eu sair, a companhia fez *break-even* (já estava num ponto de equilíbrio) e, no ano seguinte, começou a dar lucro.

Eu então saí e comecei a me preparar para uma nova jornada, que seria o Grupo Pão de Açúcar, na condição de vice-presidente de Não Alimentos. E aqui, de novo, contrariei os meus instintos, muito influenciado pelo pacote financeiro que me foi oferecido – e a despeito do meu relógio interior que me dizia o tempo todo para não ir.

"NÃO HÁ UM ÚNICO CAMINHO, ASSIM COMO NÃO HÁ UM DESTINO FIXO E DEFINIDO. COMO DIZ O POEMA, *'O CAMINHO SE FAZ AO CAMINHAR'*."

Um ano depois, eu fui demitido. Por várias razões. Eu gostava do que fazia no GPA, mas as expectativas eram desencontradas. Eu achava que precisava de três anos para fazer aquilo acontecer do jeito que imaginava. Abílio Diniz, o homem forte do grupo, pensava diferente – muito em razão do que queria ou apostava o mercado. A pressão era enorme.

A coisa não funcionou.

Mas o que deu errado? A pergunta nem tem muito a ver com o fato de eu ter me desligado do GPA. A questão é que eu havia me distanciado das coisas que eu fazia, ou que queria e estava acostumado a fazer. O grupo era uma oportunidade nova, uma experiência diferente e que eu também queria conhecer. Nesse sentido, não é nem adequado, em minha trajetória, dizer ou perguntar o que é que deu errado. Foram coisas que aconteceram em razão de um interesse e em nome de um conhecimento que eu não tinha.

Muitas vezes, o único jeito de saber se algo vai ou não funcionar é testando, experimentando, arriscando.

Dar certo o tempo todo é uma utopia – e a meu ver, não faz muito sentido. Você cresce muito na adversidade, aprende milhares de coisas no desconhecido, e as incertezas fortalecem sua bússola e o seu itinerário.

O que é ruim é não tentar, é ficar paralisado ou achar que as coisas vão cair do céu. O mercado não funciona assim, nem na vida as coisas são assim. Você precisa se acostumar com isso.

A parte ruim dessa etapa foi que tive de ficar quatro meses desempregado. Isso foi um sufoco. Não pelo dinheiro, até porque o acordo e as condições que tinha no GPA eram muito boas. Minha questão era ficar sem fazer nada. Não há coisa pior do que ficar paralisado.

Quatro meses depois, apareceu um dos maiores dilemas da minha vida: eu tinha de escolher entre, de um lado, trabalhar numa grande empresa familiar, de roupas, no sul do Brasil, fazendo o que mais sabia fazer, ou, de outro, entrar numa companhia aérea – algo totalmente desconhecido para mim.

O esquema era mais ou menos esse: opção 1 – trabalhar com roupa, um produto que eu estava careca de conhecer, num grupo familiar, o que implicava, naquele momento, tesão zero; opção 2 – trabalhar num negócio cujo funcionamento eu desconhecia (no setor da aviação), mas sobre o qual recebi do *dono* da empresa, o David Neeleman, essa sugestão: "Pedro, a aviação é fácil, eu lhe ensino, e você aprende rápido. O resto, você já sabe fazer". Isso implicava mil desafios e grande possibilidade de novos conhecimentos.

Resultado: competindo com executivos do mercado inteiro, eu ingressei na Azul, onde atingi o auge da minha carreira antes do acidente.

Essa história e o que você pode aprender com ela, eu conto no próximo capítulo.

CAPÍTULO 06

NÃO DESISTA NUNCA. SUA MISSÃO É CONTINUAR

"Só quero duas coisas de você: primeiro, que você transforme essa empresa na melhor empresa para os nossos tripulantes, e que ela possa propiciar a melhor experiência de voo para os nossos clientes." Foi para cumprir esta missão, dada pelo próprio David Neeleman, que fui contratado pela Azul.

Gosto de imaginar que o meu papel, e não só na Azul, mas nas empresas por onde passei, se assemelha ao de *um mercador de esperanças*, que é como penso que todo líder deve ser e agir. Sua postura e comportamento inspiram pessoas, sua visão as conduz, e o que você faz e acredita também alimenta os sonhos delas. O líder é alguém que você confia. É sempre bom ter isso como um norte em sua caminhada.

Se me perguntassem se eu tinha ideia do que iria acontecer na empresa, minha resposta provavelmente seria uma grande interrogação. A única coisa que eu tinha como certa era que iria fazer um grande trabalho lá. Era uma nova catedral. Como seria, disso eu não tinha a menor ideia. Eu vinha de uma outra área, dentro de uma dinâmica completamente diferente. Ir para a Azul não era apenas uma questão de me adaptar a um novo meio, de me inserir numa engrenagem que já estava funcionando. Nada disso. Eu estava indo para lá para criar esse novo meio, implantar uma nova engrenagem que pudesse funcionar da maneira mais eficaz possível. E o cara escolhido para isso era eu, alguém que não tinha a menor ideia de como funcionava uma companhia aérea.

Caso você fosse o David Neeleman, fundador de empresas como JetBlue Airways, Morris Air, WestJet, e da novíssima Azul, entre outras, será que você me contrataria?

Seria arriscado, não? A questão é que a minha ida para a Azul não tinha como pré-requisito o conhecimento do negócio em si ou a visão especializada de como funciona a engrenagem de uma empresa aérea. Isso ajuda, claro, mas não é preponderante. Até porque, como o próprio Neeleman me disse na época, o funcionamento da máquina qualquer um aprende, basta um manual e alguma orientação. Mas não é isso, essencialmente, que vai pôr a empresa no ar. O que vai dar sustentação são a visão, os valores, as relações internas e externas da companhia, além do conhecimento do mercado – incluindo não só suas complexidades, mas o conhecimento dos meios de superá-las. Você não entra numa arena desse tipo como uma peça a mais da engrenagem. Você é a empresa, é o campo de batalha, é o próprio funcionamento da máquina. Se não estiver intimamente identificado com esse projeto, você está fora do jogo.

Os propósitos, tanto o seu quanto o da companhia, precisam coincidir.

Minha passagem pela Azul foi um sucesso espetacular. Numa área que eu nunca tinha atuado e sem conhecer a dinâmica do setor, consegui deixar um legado que perdura até os dias de hoje. Provavelmente, foi o meu ápice na carreira, dentro de certas circunstâncias e considerando as condições daquele momento. Para você ter ideia, a Azul, fundada em 2008, é a terceira maior companhia aérea do Brasil em número de passageiros e a maior em destinos oferecidos – ela opera em quase cem aeroportos nacionais e quase dez aeroportos internacionais. Se pensarmos que começamos a empresa do zero e que ela está no ar há apenas doze anos, esse é um feito notável.

Eu entrei na Azul como CEO junto com 23 diretores – o meu número de matrícula era 37. Estávamos todos iniciando uma grande operação. Minha passagem se fundamentou nesses dois pontos: 1) desenvolver fortemente os valores em que acreditávamos; e 2) conseguir tirar esses valores do papel e implementá-los – isto é, sair do discurso e pôr a mão na massa, fazendo as coisas acontecerem, tirando a companhia do chão. Essa provavelmente foi a minha principal contribuição. Nós conseguimos criar, desde o momento zero da empresa, um padrão de serviços muito superior ao que se praticava no mercado. Tínhamos uma ambição muito grande. Queríamos ser os melhores no que fazíamos e, logo depois de um mês, de fato, já éramos vistos e reconhecidos como os melhores no setor.

E não paramos aí, pelo contrário, fomos melhorando cada vez mais. Esse avanço era estratégico para nós, porque queríamos competir mundialmente. Tudo isso foi feito por meio de uma série de técnicas de gestão, liderança e foco no cliente, e *do* cliente – ou seja, pensar não apenas em fazer as coisas *para o* cliente, mas sobretudo fazer as coisas que o cliente deseja.

A comunicação teve papel relevante nesse processo, tanto quanto o modelo de gestão adotado, que era o de liderar pelo exemplo. Isso se espalhou por toda a companhia. As pessoas decidiam olhando os valores, praticando aqueles valores, de modo que tínhamos todos uma linguagem comum e muito próxima. Segurança, Consideração, Integridade, Paixão, Inovação e Exemplo eram as nossas diretrizes. O cliente estava no cerne desse movimento. Um exemplo simples: eu mudei o termo *passageiro* para *cliente*. Não dizíamos mais "os nossos passageiros", mas "os nossos clientes". É algo aparentemente simples, mas toca um ponto essencial do negócio: passageiros são pessoas que *passam*; passam e vão embora, porque estão de *passagem*. Clientes não. Clientes devem ser bem tratados para que possam, e queiram, voltar. Isso é mais do que uma simples troca de palavras e tem profundo significado e desdobramentos, tanto para nós quanto para os próprios clientes, que sentem na pele essa distinção. A forma de tratar muda. O olhar, a atenção, o jeito como o colaborador passa a atender àquela pessoa, o nosso cliente, se transforma. Quando isso sai do discurso e vai para a prática do dia a dia, todos passam a ser atingidos por essa mudança. Um mecânico que estivesse fazendo a manutenção de um avião, por exemplo, tinha como primeira preocupação atender ao cliente. O seu empenho em consertar o avião tinha por finalidade fazer o que fosse preciso para que a aeronave estivesse pronta e saísse no horário, e com segurança, para que o cliente se sentisse não só atendido, mas satisfeito. Isso muda completamente o jeito de ver e pensar o seu negócio.

Esse contato, a atenção e proximidade com os clientes, tornou-se não só traço cultural da Azul como o nosso *modus operandi*. Tanto que todos os diretores, o fundador e presidente do conselho, David Neeleman, e eu mesmo vivíamos dentro dos aviões falando o tempo todo com os clientes e ouvíamos sempre com atenção suas impressões, suas críticas e sugestões. Eu, certamente, era quem mais estava junto deles, muito por conta das viagens e reuniões que tinha em vários lugares, sobretudo em Brasília, para onde ia com frequência por conta de reuniões com autoridades. Isso me fazia conhecê-los bem de perto, o que me tornou uma espécie de *data base* vivo dos nossos clientes.

Essa era a minha atuação padrão, como *customer-oriented* – que fazia com intensidade, mas sem, evidentemente, abandonar o meu outro papel, o de *people-oriented*, voltado então para os colaboradores da companhia.

Essa foi uma grande sacada da Azul. Nós éramos uma companhia de clientes. Trabalhávamos para eles, pensando nas melhores formas de atendê-los. Ninguém fazia aquilo, do jeito que fazíamos, na aviação.

Vale destacar, para se ter ideia do contexto em que atuávamos, que a área da aviação é um dos negócios mais complexos e difíceis de se operar no mundo. As razões são várias: ele é intensivo em mão de obra, capital, consumo de petróleo, variações cambiais e regulação que os países impõem em todo o mundo.

Os desafios, portanto, eram gigantescos.

O PROPÓSITO TAMBÉM INFLUI NA SUA INTUIÇÃO

Trabalhar numa empresa dentro dessas condições, e num ambiente totalmente voltado para o atendimento pleno dos clientes, é algo que não acontece se você apenas seguir uma cartilha. Não há um modelo pronto, uma fórmula, uma receita de bolo que, se for seguida, proporcionará os mesmos resultados e sucesso. Não funciona assim. Nós construímos aquilo, falávamos com pessoas, com os colaboradores, e buscávamos oferecer as melhores condições possíveis para que eles nos ajudassem a fazer uma companhia com aquelas características. Isso não estava no ar, não era uma questão de seguir um roteiro preestabelecido, ao contrário, nós estávamos construindo um roteiro inteiramente novo e voltado para os nossos objetivos, de acordo com as nossas necessidades. O início desse processo estava na figura do próprio presidente da companhia, David Neeleman, que tinha um perfil humanístico, o qual se refletia em todas as suas ações. A empresa, portanto, teria que ter essa cara, isto é, um ambiente em que pudéssemos tornar aquele traço humanístico o mais abrangente possível. A minha ida para a Azul atendeu justamente a esse apelo. Houve identificação, sintonia e um desejo partilhado de construir uma companhia com aquelas características.

É claro que não é difícil, agora, olhar para trás e nos orgulhar de tudo o que fizemos. O sucesso está aí, comprovado, mas antes de ele acontecer, o desafio foi enorme, sobretudo para alguém como eu, vindo de outro setor, tendo de escolher coisas sobre as quais não tinha muito conhecimento e que, em certo sentido, nem existiam então. A despeito de todas as sinalizações em contrário, muito por conta do meu perfil e história, havia alguma coisa no ar que me fazia inclinar em direção à Azul, em fazer a escolha pela companhia. A intuição, aqui, é tão inexplicável quanto decisiva. No meu caso, por exemplo, as outras opções de trabalho que eu tinha eram logicamente muito mais adequadas, e até previsíveis num certo sentido, conforme o meu perfil profissional. Só que tudo aconteceu na Azul, uma companhia que, em princípio, parecia não ter nada a ver comigo.

Esse é um dado ao qual você, leitor, precisa estar atento em suas pesquisas e prospecções. É muito provável que obterá melhores resultados se estiver conectado com as razões e os motivos que o levaram a fazer determinado trabalho. Se você é um ótimo profissional para trabalhar no comércio, provavelmente o setor industrial não vai lhe trazer a satisfação que está buscando. É claro que existem exceções, mas, de modo geral, é assim que funciona. Se você está no segmento em que mais gosta de atuar, também é importante buscar a empresa certa ou o empreendimento que mais tem a ver com o seu perfil de atuação. Quanto mais fáceis forem as conversas entre o seu perfil e o ambiente em que você atua, melhores serão os resultados.

Mas cabe uma ressalva, como já sinalizei lá atrás: nem sempre você encontra de imediato o segmento ou a empresa dos sonhos. Muitas vezes, as oportunidades não estão abertas, ou talvez você não esteja suficientemente preparado para elas. Isso não quer dizer que você terá de parar tudo. Claro que não. Você continua, segue o seu caminho, vai aperfeiçoando suas competências, sem perder de vista o lugar, a empresa ou o negócio que quer empreender.

Uma hora as coisas acontecem se você estiver atento e preparado para elas. E mais: às vezes, acontecem de modo totalmente inesperado, em lugares que você nunca imaginou. Se estiver atento e atrelado ao seu propósito, vai descobrir que não importa tanto assim o lugar onde você vai realizá-lo; o que importa mesmo é realizá-lo.

Sei de muita gente que deixa passar inúmeras oportunidades, trajetórias inteiras, em busca da empresa perfeita, à espera do lugar perfeito, do encontro perfeito com indivíduos certos, e deixam assim passar toda uma vida, uma história inteira. Não percebem que a empresa perfeita, o empreendimento de maior sucesso, assim como as relações com as pessoas *certas*, são aspectos construídos na vida, muito a partir do que intuímos como o nosso propósito.

Se me perguntassem, antes de entrar na Azul, qual era a empresa ou segmento em que deveria atuar, muito provavelmente eu indicaria aqueles parecidos com os que já tinha trabalhado. E a Zara, assim como a Richards, seriam modelos em minha trajetória, tanto pelos resultados que obtive quanto pelo conhecimento que eu tinha.

Mas isso era um pensamento convencional. Naquele momento, eu estava buscando algo diferente, novas oportunidades de aprender, um desafio maior, que me tirasse da cama e desse sentido àquela imensa fome que tinha.

Talvez isso explique um pouco minha opção pela Azul.

Todos sempre somos confrontados com algum tipo de intuição na hora em que estamos decidindo algo importante na vida. Às vezes, damos crédito a esse tipo de percepção, às vezes, o ignoramos por completo. Inegavelmente, porém, é um recurso disponível, com um grau de conhecimento que nem sempre sabemos decifrar – mas que pode nos favorecer.

Como você lida com isso?

Liste as atitudes que você tomou com base na intuição e que lhe trouxeram resultados positivos.

_____

_____

_____

Em relação a decisões mais racionais e ponderadas, você observa diferenças e eventuais vantagens entre os processos?

_____

_____

_____

Liste momentos da sua vida (pessoal ou profissional) em que você não escutou a sua intuição – e quais foram as consequências.

_____

_____

_____

Se deixasse de lado a minha intuição, que de certa forma me predispunha nessa direção, eu via na Azul a possibilidade de um desafio diferente e também a oportunidade de conhecer coisas novas. Apesar de ser uma companhia completamente diferente das anteriores, eu iria fazer o que mais sabia, e numa área em que tinha completo domínio de atuação: lidar com pessoas. Isso eu fiz na Mesbla, nas Lojas Americanas, na Richards, na Zara e no próprio Grupo Pão de Açúcar. Se me contratassem para pilotar um avião, eu certamente declinaria. Mas não era esse o caso.

Falar com pessoas, entendê-las, fazer o máximo para que dessem o melhor de si e que se sentissem satisfeitas eram das coisas que eu mais gostava, e sabia, fazer. Se me pedem para atingir um grande objetivo e me dizem que o caminho a seguir é por meio das pessoas, eu me sinto em casa.

Na Azul, por exemplo, começávamos a semana com uma reunião com os vice-presidentes e diretores de todas as áreas. Era um encontro de resultados e durava cerca de uma hora e meia. O objetivo era grande: estávamos brigando pelo mercado. Púnhamos na mesa todos os problemas e dificuldades de cada área para atingir esse objetivo. Como todas essas áreas eram complementares umas às outras, as diretorias acompanhavam o que estava acontecendo em cada setor e sabiam, portanto, o que ocorria na companhia como um todo. Esse compartilhamento nos ajudava a criar uma unidade de atuação muito interessante, pois caminhávamos (voávamos) num mesmo sentido. Todas as pessoas olhavam para um mesmo ponto. Isso se transformou num rito e fez com que todas as equipes conseguissem acompanhar as estratégias da alta gestão. Criamos uma fortaleza com essas ações a partir daquilo que se estabeleceu como sendo "o foco no cliente" e dentro de uma orientação única e exclusiva para um mesmo ponto. Isso foi se fortalecendo cada vez mais naquelas reuniões semanais de alinhamento e resultados. Ali, púnhamos à prova os valores da companhia, discutíamos todas as posições, se o que estávamos fazendo batia ou não com aqueles valores. Todos atuávamos em linha, estávamos interligados e falando uma mesma língua. Era uma dinâmica matadora e acabou se tornando um traço cultural, porque nasceu com a empresa, dentro da empresa, e de tal forma se estabeleceu que a companhia é o que é hoje por conta dessas práticas. Nós cuidávamos dos nossos clientes como se eles fossem membros da nossa família.

    A Azul foi uma companhia em que eu dei muito poder às pessoas; poder para fazer, para pensar, resolver o que precisava ser feito. Se você está alinhado, se está olhando para o mesmo ponto, não há razão para fazer coisas que os outros, com a mesma competência, podem fazer. Na velocidade em que atuávamos, os colaboradores precisavam arriscar e decidir e tinham que ter autonomia para isso. Se falamos a mesma língua, tanto eu como o meu diretor ou chefe ou o seu subordinado, vamos ter atitudes muito próximas ou parecidas. Isso porque caminhamos todos numa mesma direção, queremos atingir um mesmo objetivo – que é claro e conhecido por todos. O importante é o alinhamento e a clareza do que estamos fazendo para conseguir o que buscamos.

    Numa empresa, é essencial que isso aconteça, esse alinhamento e direção. Quando a companhia define o rumo que vai tomar, todos, de alguma forma, se movimentam para se encaixar nessa posição. Entender isso é estratégico, inclusive se você estiver de fora. Se pesquisar essa empresa e tentar saber qual é a missão, quais são os valores e a

"É MUITO PROVÁVEL QUE OBTERÁ MELHORES RESULTADOS SE ESTIVER CONECTADO COM AS RAZÕES E OS MOTIVOS QUE O LEVARAM A FAZER DETERMINADO TRABALHO."

visão dela, conseguirá se posicionar e acabará definindo para si mesmo se ela tem algo a ver com o seu propósito ou não. Sei que nem sempre isso é possível. Mas ter em mente essa avaliação ajuda muito a encaminhar o tipo de trajetória que você quer construir.

É preciso levar isso muito a sério. O conhecimento técnico é importante, mas não é tudo nem suficiente. De modo geral, as pessoas costumam ser contratadas por sua capacidade técnica, mas quase sempre acabam sendo demitidas por suas atitudes.

Por parte da companhia, quanto mais claro isso estiver, melhores e mais direcionadas serão as suas escolhas. Na Azul, por exemplo, por toda essa clareza *do que* queríamos e de *como* queríamos fazer as coisas, isto é, devido a essa cultura, sempre buscávamos pessoas que de alguma forma tinham algo a ver (o propósito, por exemplo) com o nosso projeto. Dessa forma, sempre contratamos os melhores profissionais possíveis, ou seja, indivíduos essencialmente identificados com o padrão de serviços que queremos oferecer ao mercado. No caso da Azul, eram pessoas com alto desempenho, resilientes, comprometidas e, claro, dispondo-se a fazer tudo o que estivesse ao seu alcance para conseguir os resultados esperados.

Numa perspectiva individual, o ponto que faz a diferença é saber o quanto você se encaixa num projeto como esse. Se o seu perfil não bate, se você não se identifica com o que a empresa está buscando, não há alinhamento que vá fazer você se comprometer e adotar o discurso da companhia. Talvez temporariamente, ou dentro de um processo de aprendizado, você até consiga fazer alguma coisa nesse sentido. Mas é fundamental que você mesmo descubra qual é o rumo que precisa tomar. Se aplicar o método catarse, proposto anteriormente, isso ficará mais claro.

Sempre ressalto a importância de identificar o que você é e o que pensa daquilo que faz. Na Azul, eu avaliava isso o tempo todo. Eu estava inteiramente identificado não apenas com os objetivos, mas, sobretudo, com o modo de alcançá-los. O lado humanista da companhia, a integridade dos processos, a lisura e a responsabilidade nas negociações, tudo isso reforçava minhas crenças e atuação. Isso tem especial relevância, porque tínhamos intensos e frequentes contatos com autoridades em Brasília, um ambiente em que interesses de toda espécie disputavam espaços nos acordos e negociações. E aqui, novamente identificado com a companhia, nunca cedemos a nenhum tipo de apelo que não fosse do interesse do nosso cliente e não estivesse dentro dos mais claros critérios éticos. Esse é um ponto, aliás, que me sinto muito confortável em mencionar, sobretudo porque vai ao encontro das crenças dos jovens de hoje. Propina, deslealdade e corrupção já não são mais motivos de atração, pelo menos não para a maioria. Penso que estamos todos num caminho melhor, nesse aspecto, o que não deixa de ser um ótimo começo para quem se dispõe a enfrentar o mercado e realizar seus sonhos.

O MÉTODO: VALORES, COMO TIRÁ-LOS DO PAPEL, RITOS E CULTURA

Por mais que alguns jovens pensem diferente, o principal numa carreira não é encontrar um bom emprego ou uma boa empresa. O principal e decisivo é fazer um bom trabalho, esteja você onde estiver. O que quero dizer é o seguinte: você não deve se ver como parte, como peça ou como algo que foi acoplado à empresa ou ao projeto. Um dos marcos das mudanças que aconteceram no mundo do trabalho se faz presente nessa frase: você *é* a empresa, você *é* o projeto. Se você se pensar como um anexo ou como um complemento do empreendimento, não vai muito longe – assim como não irá muito longe a empresa, ou negócio, que pensar seus colaboradores como partes ou peças substituíveis a qualquer tempo. Essa integração é absolutamente necessária para que os resultados apareçam.

Foi esse o espírito que propiciou uma solução inesperada e supereficaz diante de um problema que tivemos logo no começo da empresa. Com aquela liberdade de ação que mencionei, criamos na Azul uma atmosfera de absoluta confiança entre todos – e isso alcançava tanto o público interno da companhia quanto o público externo, os clientes, e fazia com que eles se entendessem muito bem. Afinal, não adianta privilegiar o cliente externo sem o compromisso e empenho do cliente interno nessa missão. Precisamos cuidar bem do cliente interno (nossos colaboradores e parceiros) para que esse cuidado se reflita no nosso cliente externo. Esse era o princípio do foco humanista da Azul, que, evidentemente, era proporcional à capacidade da empresa e de acordo com suas possibilidades microeconômicas.

Num daqueles primeiros voos que fizemos, houve um problema com um dos nossos aviões na chegada ao aeroporto de Porto Alegre (RS) – por conta de um pássaro que havia sido engolido por uma das turbinas do avião (tecnicamente chamado de *bird strike*), o que é comum na aviação mundial. Mas nem sempre é algo simples de resolver, sobretudo quando implica alguma alteração no voo. Nesse caso, teríamos de trocar de aeronave, e isso acarretaria um atraso de umas duas horas para os clientes até o avião reserva chegar. Como fazer isso sem alarde, sem constrangimento, sobretudo para aqueles clientes que voavam pela primeira vez com a Azul?

Durante a troca de aviões, o comandante sugeriu que fizéssemos o serviço de bordo na sala de embarque. Era inusitado, mas era uma boa ideia, e todos a abraçaram. Os comissários se prepararam como se realmente fossem fazer o serviço de bordo dentro do avião. Os clientes foram avisados de que seria iniciado o serviço de bordo enquanto estivessem esperando no saguão de embarque. Ou seja, o que inicialmente era um problema, acabou virando um momento de descontração, com todos entendendo o que tinha acontecido e percebendo o empenho da companhia em atenuar aquele contratempo.

Se você trabalha numa companhia como essa sem se identificar com os seus propósitos, sem estar focado no sonho da empresa, no objetivo máximo do projeto ou com aquela vontade de estar junto, você cria pânico, revolta e impaciência entre os clientes, o que evidentemente é muito ruim. Quando vejo empresas tratarem mal seus clientes, fico pensando nas inúmeras oportunidades que esses empreendimentos perdem por não enxergarem a importância real que os clientes têm. E também penso nos indivíduos que prestam esses serviços e que provavelmente estão totalmente desconectados não só do espírito da companhia (caso exista nesses casos), mas também de seus propósitos.

Isso se manifesta naquelas fatídicas frases: "Não é culpa minha"; ou: "Desculpe, mas é norma da empresa".

Não há propósito na vida que justifique alguém dizer coisas como essas.

No caso da Azul, a solução de dar início ao serviço de bordo no próprio saguão de embarque só foi possível pela força da cultura de uma companhia comprometida em atender ao cliente da melhor maneira possível, apesar de recém-nascida. A tripulação do avião, quero dizer, *cada um* de seus membros, estava preocupada com o cliente – e não com a máquina! Essa era uma diferença marcante da nossa atuação. As demais companhias no mundo estão muito mais voltadas ou orientadas para máquinas e processos. Nós pensávamos diferente.

Todos esses casos de sucesso, assim como os resultados que atingimos e também a forma como lidávamos com dificuldades e problemas estavam muito associados ao meu modo de pensar e de ser e, de muitas formas, explicam o sucesso da companhia. O modelo que implementamos na Azul é único; ninguém consegue replicá-lo, como disse, porque foi criado a partir daquilo que é a sua essência e que, nas palavras do presidente do conselho da Azul, vem a ser a sua cultura.

Eu não estou dizendo que inventamos a roda ou que criamos algo absolutamente fora de todos os padrões. Não é isso. O que estou dizendo é que, com o conhecimento e experiência que tínhamos, conseguimos criar um modelo de gestão com a cara da Azul, um modelo próprio, e que só poderia ser implementado nessa companhia. Isso tem muito a ver com o que eu disse nos capítulos anteriores sobre a importância de buscar ou descobrir o próprio jeito de fazer as coisas. As leituras, as referências, a própria experiência e o conhecimento de outras práticas serão fundamentais para que você descubra *a sua maneira* de pensar, de ver e de fazer o que precisa ser feito. Na Azul, não teríamos feito o sucesso que fizemos se simplesmente implantássemos algum modelo pronto – de prateleira, como muitos dizem. Construir o nosso modelo foi a chave para o sucesso do negócio, e isso só foi possível porque ouvimos e sempre tentamos entender quem eram e o que esperavam, tanto as pessoas (colaboradores) como os clientes, da companhia.

No nosso caso, saber lidar com pessoas era algo chave. Trabalhávamos com gente o tempo todo, clientes de um lado, fornecedores do outro, e também colaboradores, que eram os caras que nos ajudavam a construir a companhia. Entender de gente era fundamental.

Mas isso só poderia dar certo se contratássemos os indivíduos certos, ou seja, gente muito identificada com aqueles valores.

É curioso que todos os grandes empreendedores passaram por processos como esses. Quer dizer, vinham com uma bagagem de conhecimentos e práticas que lhes permitia criar um novo modelo de gestão e negócio. Às vezes, isso era algo consciente, mas nem sempre.

Em todas as áreas e trajetórias, o sucesso está muito ligado a, pelo menos, duas coisas: primeiro, um domínio muito grande daquilo que já é conhecido; e, segundo: com o que já é sabido, você testa esse conhecimento em diferentes ambientes e realidades, até perceber o que funciona e o que não dá certo. Você nem sempre acerta, mas, como eu disse, os erros, quando avaliados e pensados, são ótimas oportunidades de aprendizado e conhecimento. Se você simplesmente implementar um determinado sistema (replicado) e tentar fazer com que as coisas funcionem na marra de acordo com ele, o risco de fracasso é enorme.

É como se tentássemos fazer a realidade, ou os fatos, se encaixarem na nossa maneira de pensar o mundo.

Em minha experiência, sempre tento adaptar o que eu conheço à realidade com que estou lidando ou interagindo. A ideia é saber como o outro lado se comporta, o que faz sentido e o que funciona. Os resultados sempre são mais interessantes. Mas para isso é preciso ouvir e tentar entender o que acontece nesse ambiente.

Estude, leia e avalie o maior número possível de casos, entenda por que algo deu certo e o que não funcionou em determinada situação. Pense em suas capacidades, suas habilidades, o que precisa ser aprimorado e, às vezes, até o que precisa ser deixado de lado. São essas análises que vão ajudar você a criar a própria visão das coisas e a incrementar a sua capacidade de enxergar lá na frente. Vale tanto para a sua vida pessoal quanto para os seus empreendimentos e carreira.

Quanto mais repertório você tiver, mais meios e alternativas vai criar para buscar novos caminhos e soluções. À medida que você tem informação de diversas fontes e de diferentes casos, melhor é o seu aprendizado e mais aguçados serão a sua intuição e o seu poder de ver as coisas de maneira lógica e racional.

No meio desse conhecimento, aparece a intuição, que vem a ser uma espécie de reforço inconsciente que vai ajudar você a fazer a melhor escolha. Mas atenção: quanto mais informação e conhecimento tiver, melhor e mais acurada será a sua intuição. Muitas das minhas escolhas foram por esse caminho, pela intuição. Muita leitura, conversas com pessoas do mercado e o uso constante do método catarse: quanto mais eu me perguntava quem eu era e aonde queria ir, mais claro esses caminhos ficavam.

UMA NOVA STARTUP, AGORA CHAMADA PEDRO JANOT

Os anos na Azul foram incríveis, não posso negar. Muito pelo que fizemos e implementamos. Os resultados atingidos são prova disso. O que não quer dizer que tudo tenha sido fácil. Enfrentamos barreiras complicadas, não tivemos facilidade alguma nos negócios, e tudo o que tínhamos a nosso dispor era a nossa competência e o nosso empenho. Não basta ter conhecimento, é preciso saber aplicá-lo. O que quer dizer que trabalhávamos insanamente. Não fosse o desejo de ver as coisas acontecerem, certamente teríamos desistido – e aqui se justifica a importância do propósito, de fazer as coisas que você realmente quer fazer. Se já é difícil nessas condições, imagine num lugar em que os caminhos não têm nada a ver com o que você quer ou sonha fazer!

Pois bem, no meio disso, dei uma nova guinada na minha vida. Foi involuntário, mas bastante radical. Brinco ao dizer que foi uma espécie de nova startup.

Eu vinha, naquele momento, de um estado de estresse absurdo, destruído pelas mais de quatorze horas diárias dedicadas à companhia. Estava com a cabeça completamente branca, devido ao excesso de preocupações, estresse, ansiedade, enfim, todas essas coisas que acometem qualquer pessoa plenamente comprometida com resultados, dentro de uma dedicação excessiva. Não recomendo isso a ninguém, embora reconheça que há momentos em que essas situações se tornam inevitáveis na condução de um negócio, pelo menos por algum período. No fim daquele ano, era 2011, planejamos um fim de semana no meu sítio, em Joanópolis, interior de São Paulo. Era um daqueles feriados prolongados, 15 de novembro, iríamos reunir toda a família, e eu, em particular, estava muito feliz com aquele encontro. Seria uma espécie de volta ao convívio da casa, da família, já que eu vinha me ausentando com frequência, por conta dos negócios.

Dentro daquele meu espírito de executivo, planejei uma série de atividades. Pela manhã, iria cavalgar; depois do almoço, andaríamos de bicicleta; e à noite, faríamos uma fogueira, conversaríamos sobre amenidades, passaríamos uns bons momentos juntos. Seria uma oportunidade de repensar a vida, os negócios, os rumos que estava querendo dar à vida, à família etc.

Pela manhã, portanto, saí para cavalgar um cavalo que estava querendo comprar. Era calmo, íntegro, muito bonito. Era a segunda vez que estava experimentando aquele animal. Mas percebi que naquele dia ele estava um pouco arisco, talvez porque ninguém o montava havia algum tempo. O caseiro o amaciou, vimos que estava tudo bem, e eu acabei montando. Não era complicado para mim, estava acostumado. Fui então cavalgando até a casa de um amigo, sem problemas, demos algumas voltas, visitamos as fazendas de dois outros amigos ali perto, lembro que queríamos reativar um grupo de conversas sobre cavalos, que era uma espécie de clube particular entre nós. Enfim, foi tudo muito tranquilo. Nessas rápidas marchas, eu devo ter montado e descido do cavalo pelo menos umas seis vezes.

Estava, portanto, tudo em ordem.

Quando eu voltava para casa, ainda montado no cavalo, percebi que estava solta uma das barbelas, aqueles acessórios usados para erguer a cabeça do cavalo quando o freio é acionado. Eu parei, vi qual era o defeito, arrumei a barbela, ajeitei-a no pescoço do cavalo e, quando voltei a montar, tive um apagão, decorrente de uma queda de pressão. Não sei explicar o que foi aquilo. Acabara de sofrer uma queda, e de tal modo que minha cabeça fez aquele movimento que os especialistas chamam de chicote. Caí sem me apoiar no chão, sem me segurar no cavalo. Meu disco foi cuspido da medula, e eu não consegui mais me levantar.

O cavalo, apesar daquela impressão inicial da manhã, não fez nada. Era um animal manso, estava imóvel.

Foi uma loucura. Tinha me estatelado no chão. Em algum momento, achei que tinha quebrado o pescoço, não conseguia me mexer, tinha aquela sensação de medo, de que alguma coisa fosse sair do lugar; eu desmaiava e acordava com frequência. Começou o resgate, e evidentemente eu não estava mais no comando. Fui levado para uma casa de saúde, que não possuía os recursos necessários para aquele atendimento de emergência. Por sorte, um vizinho meu era médico, ortopedista, especializado em coluna, e estava ali naquele fim de semana com sua família. Os filhos também eram médicos, e isso ajudou muito na hora do resgate e do encaminhamento das coisas num helicóptero, depois, até o Hospital Sírio-Libanês, em São Paulo (SP).

Sim, era um drama, não tinha ideia do que iria acontecer e tive muito medo.

A cirurgia foi relativamente simples e consistiu em recolocar o disco, que havia sido cuspido, na medula e inserir um outro disco de metal. A partir disso, eu fiquei completamente imóvel, sem conseguir mexer nada naquela época, nem um único membro. Eu havia perdido todos os meus movimentos. Lembro de estar na UTI, perceber os técnicos de enfermagem conversando do lado de fora do quarto, perto da porta, e minha única opção de contato e comunicação, para chamá-los, se resumia a um botão vermelho que ficava ao lado da minha mão direita. E eu não conseguia chamá-los, porque minha mão não mexia. (Hoje, eu consigo mexer minha mão, toco o meu tablet, o telefone, consigo fazer muitas coisas. Mas naquele momento isso era impossível.)

Essa situação foi apavorante. Eu dormia numa posição, a mão ficava esticada ou virada de um determinado jeito, e no dia seguinte eu acordava e tudo estava no mesmo lugar, meu corpo, a mão intacta, o lençol esticado, como se eu não tivesse estado naquela cama.

Eu fiquei 45 dias no hospital, tive uma lesão medular, nas vértebras C3 e C4, e do ombro para baixo eu não mexia nada. Ir para casa, no entanto, foi um alívio enorme, porque no hospital precisava seguir uma rotina super-rígida, aguentar barulho, aplicação de medicamentos. É um ambiente meio perturbador, embora necessário.

Tinha 52 anos, estava estalando de energia. A pergunta era: o que eu ia fazer com aquilo?

Na época, não tinha ideia. Apenas sabia que seria um caminho longo, sofrido e muito duro.

Eu comecei a viver a passagem do "eu posso tudo", que é quando eu estou numa empresa que vai ser grande, que eu construí e estou adorando o que faço – com uma equipe muito boa –, para o "eu não posso tudo o que quero, no tempo que eu quero". Eu passei a ser alguém com limitações gigantes. Comecei a viver a dualidade do superexecutivo, que deixou um legado em três grandes startups (Richards, Zara e Azul) e que, de muitas formas, ainda estava vivo em mim; e, ao mesmo tempo, estava tentando ser um cara que buscava compreender o que havia deixado de ser, algo que eu não era mais. Esse era um impacto imenso, real e consciente. Mudar esse meu *mindset* foi um longo caminho.

Depois do acidente, eu fiquei ainda um bom período na Azul (até setembro de 2012). No início, ia para a companhia de terno e gravata, três vezes por semana, numa cadeira de rodas. Chegava a ficar até seis horas por dia lá, despachando, falava com as pessoas e dentro do possível tentava me inteirar do que acontecia na empresa. Depois de um certo tempo, começamos a fazer reuniões de vice-presidência na minha casa, montávamos estratégias e chegamos até a comprar uma outra empresa aérea. Lembro que a aprovação desse negócio, entre várias outras reuniões que fazíamos, aconteceu na minha casa. A minha visão, a vontade de fazer as coisas, e, claro, todo o conhecimento que eu tinha, nada disso se perdeu. E isso reforçava, na pele, aquela luta intensa que ocorria dentro de mim, de dois titãs: um querendo voltar para o jogo, pretendendo fazer mil coisas, e o outro, que era o corpo, o meu corpo, que não ia para lugar algum sozinho, a não ser que fosse carregado.

Tudo que era possível fazer naquelas condições eu tentei. E fiz muitas coisas, não tenho dúvidas. Enquanto estava na Azul, cheguei a ir a Brasília para resolver alguns assuntos na Agência Nacional de Aviação Civil (Anac), que é o órgão regulador da atividade da aviação no Brasil. Cheguei a visitar aeroportos, participar de reuniões, a fazer uma série de pequenas loucuras, mas não era a mesma coisa, evidentemente.

"QUANTO MAIS REPERTÓRIO VOCÊ TIVER, MAIS MEIOS E ALTERNATIVAS VAI CRIAR PARA BUSCAR NOVOS CAMINHOS E SOLUÇÕES."

Eu estava fora da companhia, e era muito difícil acompanhar de perto tudo o que acontecia.

Esse dilema veio até o meu segundo projeto, de acesso à roupa, uma startup diferente. Lembro-me de uma entrevista marcada com um grande investidor, que poderia nos ajudar naquele projeto de um jeito espetacular, mas eu tive medo de dar o meu OK e de montar aquela empresa. Eu era o eixo daquele negócio, o que implicaria determinação, muito empenho, cuidados que eu já não me sentia disposto a dar e a fazer. Foi-me proposto tocar o negócio a distância, gerenciando por trás, nos bastidores, mas isso já não seria a mesma coisa. Era um barulho muito grande, envolvia montantes de mais de R$ 150 milhões. Não era mais um negócio para mim, isto estava claro. Eu estava num ponto de inflexão.

Alguma coisa estava acontecendo. Apesar da vontade de fazer, eu sentia que não poderia, sentia-me como se estivesse capitulando. Enfim, deixei de ir àquela reunião em que o negócio seria fechado, porque não queria dar a minha cara a bater. Eu tinha a nítida consciência de que não conseguiria e, portanto, não queria mais fazer o negócio. Aquilo estava fugindo do meu DNA.

O que estava acontecendo?

Sim, havia o acidente, as coisas tinham mudado, mas não era *apenas* isso. Minha cabeça estava perfeita, minha visão mais aguçada, uma vontade enorme de fazer as coisas acontecerem, tudo isso estava a ponto de bala. O problema era o descompasso. Eu precisava encontrar um novo jeito de usar o meu conhecimento e a minha energia nas coisas que queria fazer. Eu precisava encontrar um novo DNA.

Foi esse novo DNA que me fez construir os novos negócios. O ponto de partida foi reconhecer que havia um outro Pedro Janot no ar. Um ser diferente, alguém que compreendia que estava vivendo um outro momento, que reconhecia a importância daquele outro Pedro e que sabia que, de muitas formas, aquele outro Pedro poderia ensinar algumas coisas a esse novo Pedro. Eu precisava aprender isso. Estava começando minha quarta startup, a .PJ. Era importante não perder isso de vista.

O marco desse período foi o livro *Maestro de voo: Pedro Janot e a Azul, uma vida em desafios*, publicado pela Editora Manole, em 2014, e escrito pelo jornalista Edvaldo Pereira Lima. A obra me tirou de casa, me fez voltar para o jogo, num outro formato, é óbvio, mas de um jeito mais conciliador com aquele meu novo momento. Eu não estava me esquecendo, deixando de ser quem fui; ao contrário, eu estava me reconstruindo.

Voltei a dar palestras, vendi meu livro, dei entrevistas; de muitas formas, a vida recomeçava. Eu estava, de novo, encontrando o meu propósito.

É claro que essa história é permeada por momentos de enorme amplitude depressiva, com oscilações bruscas e intensas entre o vale e a montanha. A depressão vinha, seguia numa linha reta; aí eu desabava e tinha de tomar remédio, me isolar. Enfim, não era nada fácil. Eu precisei me adaptar àquilo tudo, o que implicava inclusive uma nova disposição junto da minha família. A primeira grande atividade da minha nova história foi a decisão de não destruir a minha família. Chega um ponto em que você precisa se encontrar no meio deles, porque tudo ali são cuidados, amor, atenção. Você precisa deixar de ser aquele doente rabugento, reclamão, que dificulta tudo na hora de tomar banho ou de comer. Isso foi aprendizado, foi um período que tive de percorrer e aprender, junto com Débora, para ajustar minha nova vida, até então restrita, ou constrita, à minha casa. Para se ter ideia, eu só fui resolver o problema das minhas dores neuropáticas nas pernas, sobretudo nos pés, em torno de 90%, a partir de 2019. Ou seja, oito anos depois do acidente, encontrei algum alívio nesse ponto.

Essa passagem do executivo superpoderoso para um PNE (portador de necessidades especiais) começou a acontecer de verdade de 2018 para cá. Até então, eu vinha tocando as coisas aos trancos e barrancos, de modo muito parecido com o que venho dizendo e sugerindo aqui: fui descobrindo e (re)construindo aos poucos, e ao mesmo tempo, um novo caminho. Até então, participava de conselhos de empresas familiares e de companhias abertas, tinha feito consultoria, orientado projetos, montado estratégias, até me encontrar por inteiro. E cheguei à conclusão de que este meu corpo e esta minha mente podem conversar muito bem dentro dessa aceleração e revolução digitais.

Eu estou vivendo a vida no exato momento em que ela acontece.

Essa percepção me põe no presente. Quando penso nos jovens a quem dedico este livro, não consigo concebê-los de outra forma que não seja vivendo suas vidas no presente, no exato momento em que ela acontece.

Débora, minha esposa, foi a maior responsável por fazer todas essas coisas acontecerem. Ter alguém do seu lado que consegue olhar para você, ver e compreender o que você quer e ajudá-lo a conseguir isso, é algo que faz uma relação transcender. Débora foi uma leoa, ela segurou esse tranco como ninguém seguraria, fazendo o que era preciso fazer, pensando na casa, na família, no mundo que estávamos vivendo. Com força e carinho, compreendendo tudo isso, talvez melhor do que eu.

OS FRUTOS COMEÇARAM A APARECER

Quando comecei a voltar, me juntei a um grupo de amigos que também buscava trabalhos ou projetos que atendessem aos seus propósitos. Um deles, o Tiago Dantas, tinha acabado de voltar da China, onde trabalhara como *Chief Merchandise Officer* (CMO) da C&A. Ele tentava se reencontrar no país. Uma amiga, Daniela Vieira (ex-diretora da Zara no Brasil), também estava de certa forma nessa situação: não aguentava mais ser executiva, buscava algo diferente. E eu, claro, seguia aquele meu novo percurso de reconstrução e de novas descobertas. Lembro-me da Dani dizendo o tempo todo que tínhamos que agitar: "Vamos agitar", ela falava. O intuito era que a gente ligasse para as pessoas, entrasse em contato para falar dos nossos projetos, que apresentássemos nossas ideias e, com isso, que a gente *agitasse*, movimentasse o mercado a nossa volta – e obviamente conseguimos novos trabalhos.

Esse *agitar* que ela propunha tinha um propósito. Uma coisa é agitar e só fazer barulho, outra é agitar na direção certa, com os instrumentos de que dispõe, quando você tem um propósito e sabe o que está buscando. A ideia da Dani era essa, ir aos lugares, falar com as pessoas, ativar nossas redes, enfim, entrar no jogo, ou, numa palavra: *agitar*.

Quando você está num grupo com pessoas que têm propósitos claros e que estão interessadas em construir algo, uma acaba energizando a outra. Você troca informação, experiência, dá e recebe dicas, amplia exponencialmente as chances de conseguir algo dentro do seu propósito. Quando as coisas esfriavam, ficávamos meio mambembes, nos desanimávamos, e então a Dani vinha e falava para *agitarmos*, pedia para que falássemos com fulano, que visitássemos certas empresas. Aquilo que ela fazia era uma verdadeira explosão de energia que a todos contaminava. Por isso, as redes são essenciais.

Esse é o tipo de energia que falo que você precisa ter. Se você está sozinho, é mais difícil. Por isso, precisa estar ligado na sua rede. Se for possível, tente formar um comitê informal de amigos que estão no mesmo barco que você, caminhando na mesma direção. A união, como você sabe, faz a força, mas também revigora o ânimo e ajuda a pensar melhor, a construir estratégias, a ter mais informação.

Agitar é uma palavra-chave nesse processo.

Desde o início dos anos 2000, sou mentor da Endeavor, uma organização global cujo principal objetivo é estimular e apoiar o crescimento de empreendedores e de negócios de alto impacto. Estar nessa atividade me fez estar em contato permanente com empreendedores PNE que buscavam se remodelar. Nos últimos dez anos, como doador de conhecimento, eu devo ter feito mais de sessenta mentorias com esses empreendedores.

Em 2019, abri a Solum V.C., uma startup de fundos de investimentos que tem por finalidade dar a pequenas e médias empresas (PME) acesso a capital. Esse é um segmento estratégico para a nossa economia. As PMEs detêm cerca de 70% das vagas de emprego no país, o que representa 57% do PIB – e são muito pouco consideradas ou atendidas pelo governo. Como instrumento de ação e articulação, contamos com o Sebrae, que faz um trabalho importante para as pequenas empresas. Nossa ideia é dar acesso a essas empresas para que entrem no mercado financeiro do seguinte modo: será possível comprar um percentual pequeno de uma empresa investida, de modo que ela recebe esse investimento, e a gente, enquanto gestores, monta um conselho com os próprios investidores, dentro de um modelo que temos e que faz tudo isso funcionar.

Para fazer isso, eu, Pedro Janot, me tornei também uma PME. Embora não seja mais o CEO dessa empresa, sou o presidente do conselho. Isso me permite ver todas essas dores de perto, conhecer as dificuldades, facilidades, todos os trâmites necessários para conseguir atuar.

As palestras se tornaram um nicho especial para mim. É claro que percebo o interesse que há por trás das minhas apresentações. Tenho consciência do que fiz e do que sei e do interesse que isso desperta, sobretudo na minha condição. Isso certamente ganha mais relevância. Escrevi um livro, mencionado anteriormente (as páginas que você tem agora em mãos são a minha segunda incursão literária), e empreendi três projetos com uma consultoria de moda, em que buscava implementar o jeito Zara de atuar. Foram bons trabalhos, ganhei dinheiro, mas não fiquei satisfeito. Esse tipo de projeto só funciona se você puder contar com um líder ou um patrocinador (*sponsor*) dentro da empresa que contrata os seus serviços, ou seja, alguém da cúpula que de fato acredita naquilo que está sendo feito. Isso, infelizmente, não aconteceu sempre. É preciso enfrentar questões de ego, vaidade, vontades nem sempre justificáveis, e isso costuma minar o projeto de mudança. Acontece quando o líder é muito personalista, isto é, preza para que as coisas aconteçam, principalmente, do jeito que ele quer e pensa. Quase sempre isso não dá certo, e gasta-se muito dinheiro para que as coisas não funcionem.

Mas é algo que está colocado no mercado. Você precisa saber lidar com isso.

Após essa experiência, criei um projeto que tinha por objetivo dar às pessoas "acesso à roupa". Era uma ideia muito bacana: o cliente usaria uma peça de roupa e a devolveria, pagando apenas pelo uso. A empresa, então, a lavaria e a disponibilizaria para outro cliente. Isso consumiu de mim e de minha equipe quase dois anos de trabalho – uma parte considerável, aliás, na busca de recursos. Mas não conseguimos o capital que precisávamos para lançar o projeto.

Faz algum tempo, tenho um canal no YouTube, com a .PJ, em que falo sobre liderança, empreendedorismo, mercado, vendas, marketing, entre outros assuntos, além do "Papo de CEO", em que exponho meus pontos de vista e sugestões sobre negócios, trabalho, formação etc. Essas iniciativas fazem parte de uma empresa que reúne e gerencia a venda do meu conhecimento.

Foi uma volta difícil? Foi, sem dúvida. Mas o que conta é que eu voltei!

Você percebe que eu não tenho um mapa da mina? De fato, não existe um mapa da mina. Para ser mais exato, eu diria o seguinte: o mapa da mina é você. Você mesmo. Lembra que mencionei que você *é* a empresa? Você *é* aquilo que empreende, você responde pelos seus atos, você *é* o que faz.

As coisas não vão acontecer sempre do jeito que você quer. Mas isso não é problema; é parte da solução que você está buscando encontrar.

Neste momento em que faço todas essas coisas, continuo respondendo ao questionário proposto pelo método catarse. Quem eu sou, o que estou fazendo, o que quero fazer, o que tenho, aonde quero ir. Isso é como oxigênio na minha trajetória.

Sabe quando o seu celular pede para você girar o aparelho no ar para realinhar a sua bússola interna? É a mesma coisa. Você precisa atualizar suas informações de voo. Uma coisa é o que acontece quando você decola, deixa o aeroporto, vai para cima. Outra é quando está em velocidade de cruzeiro; outra ainda é quando as condições externas mudam e você precisa rever os seus instrumentos. Mas essa é só uma viagem. Virão outras, *de* e *para* outros lugares. E você precisa monitorar isso para estar o mais próximo possível do lugar em que quer chegar.

Qual é a sua próxima viagem?

O QUE ESTÁ MUDANDO COM A COVID-19?

No momento em que escrevo este livro, vivemos a maior crise de saúde da história, consideradas a abrangência e o impacto social e econômico que ela nos trará. Falo da covid-19. O impacto dessa doença vai ser enorme. Não tivemos alternativas nem tempo de agir para nos resguardarmos. Não temos ainda vacinas nem remédios que possam minimizar seus efeitos. Boa parte das pessoas está em casa; as empresas trabalham, ou tentam trabalhar, remotamente. Muitas coisas vão mudar daqui para a frente.

"QUANDO VOCÊ ESTÁ NUM GRUPO COM PESSOAS QUE TÊM PROPÓSITOS CLAROS E QUE ESTÃO INTERESSADAS EM CONSTRUIR ALGO, UMA ACABA ENERGIZANDO A OUTRA. VOCÊ TROCA INFORMAÇÃO, EXPERIÊNCIA, DÁ E RECEBE DICAS, AMPLIA EXPONENCIALMENTE AS CHANCES DE CONSEGUIR ALGO DENTRO DO SEU PROPÓSITO."

Depois dessa quarentena (que já tem durado alguns meses), não seremos mais os mesmos. Isso vale tanto para mim como para você, leitor, e para as empresas – sem falar no mercado e no próprio mundo.

Com a covid-19, misérias e dificuldades vão aparecer. É certo que o Brasil, e o mundo, vai empobrecer, e para muitos vai ser bem difícil sobreviver. É claro que vai passar, acredito nisso, o mundo vai voltar, não tenho dúvidas, mas vai levar algum tempo. As empresas que ficarem vão levar pelo menos uns três anos para se recuperar aos patamares de hoje. O mundo também não será o mesmo, muita coisa vai mudar, e isso inclui valores e percepções, a forma como cuidamos do meio ambiente, o nosso convívio social será afetado, assim como o papel do Estado na economia. A mudança será estrutural e vai impactar o nosso modo de viver e ver as coisas.

O mundo, como o conhecemos até aqui, vai acabar. Será um intenso processo de testes, experimentos, recuos e, talvez, alguns avanços.

Um mundo diferente vai surgir.

Por exemplo: descobrimos (ou será que reconhecemos?) que é possível tocar um negócio por meio de um notebook – em certos casos, até de um celular. Podemos fazer reuniões complexas, envolvendo inúmeras pessoas e até departamentos inteiros, por conexões remotas e de qualquer lugar do planeta!

Esse é um lado dessa história. Sem dúvida, um lado estimulante e promissor, porque descobrimos que somos capazes de fazer mil outras coisas que antes achávamos que só poderiam ser feitas durante o horário de expediente e apenas no local do trabalho.

Para alguns, isso poderá ser interessante.

Mas há outros lados.

O ambiente deixado pela covid-19 é também difícil e complicado, pelo menos num primeiro momento. Muita gente vai perder emprego, e muitas empresas não conseguirão superar esse momento e vão quebrar. Nos Estados Unidos, por exemplo, estimam-se mais de 20 milhões de desempregados.[28] No mundo todo, a queda drástica do PIB será inevi-

---

[28] DESEMPREGO nos Estados Unidos atinge 22 milhões. **UOL Economia**, 17 abr. 2020. Disponível em: https://economia.uol.com.br/noticias/estadao-conteudo/2020/04/17/desemprego-nos-estados-unidos-atinge-22-milhoes.htm. Acesso em: 01 dez. 2020.

tável. O cenário é bastante desolador. É a maior crise de toda a história. Não seremos mais os mesmos, nem as empresas.

    Sob uma ótica humanista, o que antes era uma alternativa prazerosa e eventual se tornará uma imposição incontornável. Por exemplo: vamos trabalhar em casa (*home office*) ou onde preferirmos. Pelo menos uma boa parte do pessoal de serviços (agências, marketing, projetos etc.). Poderemos ficar mais próximos dos nossos filhos, vê-los crescer, acompanhar uma série de coisas que antes estávamos impedidos.

    Mas será que saberemos lidar com isso por muito tempo? Apesar disso, o nível de objetividade será imenso – afinal, não faz sentido numa reunião virtual gastar dez, quinze minutos para brincadeiras e aquele papinho descontraído sobre o fim de semana. Você já não vai poder nem se desculpar mais por algum eventual atraso, pois a reunião vai acontecer onde você estiver, seja num jardim, no seu quarto, na sua sala de estar ou no meio do caminho, qualquer que seja ele. E, pior, a qualquer hora.

    Como serão os ambientes públicos (bares, arenas, shopping centers, clubes)? Boa parte da nossa vida será virtual. Será que estamos preparados para isso? Imagine criar uma empresa que opere na Noruega, dirigida por uns caras que estão em, digamos, Singapura, e cujos produtos sejam feitos no Brasil? É claro que isso já é possível, mas imagine criar algo assim, em tempo real e como ponto de partida?

    O mundo presencial vai continuar a existir. Só que ele será mais lento, mais caro e, de certa forma, especial.

    As empresas de *e-commerce* ganharão um fôlego imenso. E não vão voltar mais para trás. Serviços de *deliveries* (entregas) também vão explodir em todos os níveis e setores. Quem estava atrasado em seus desenvolvimentos digitais vai ter que se adaptar com urgência.

    Ter um melhor produto, apenas, já não basta. Você precisará ter a melhor entrega, a mais rápida, a mais completa, a mais confiável – e segura.

    Mas já não era assim?

    Começava a ser, mas não nessa intensidade e velocidade. Com a seguinte diferença: hoje, você não tem muita escolha. Ou é assim ou você está fora.

Ou seja, de repente mudou tudo. Mudou o ambiente competitivo, o ambiente relacional das pessoas, a forma de fazer negócios e atuar.

A boa notícia é que só fará sentido ficar disponível 24 horas se você estiver fazendo algo que goste (e saiba) muito de fazer. Do contrário, não tem o menor cabimento.

Você está preparado?

A única vantagem que há nisto é que ninguém está de fato preparado. Estamos todos aprendendo. E quem perceber isso primeiro sairá na frente.

A pandemia foi uma espécie de "água batendo na bunda"; o barco começa a afundar e todo mundo tem de se mexer. Coisas que precisavam ser feitas tempos atrás, e que vinham até então sendo empurradas com a barriga, terão necessariamente de ser realizadas com urgência ou então vão ficar para trás. Se você estava pensando em criar uma alternativa digital para o seu negócio, essa alternativa agora se tornou um imperativo. Ou é isso ou você morre. Como sempre acontece, muitas coisas novas vão surgir – e muitas oportunidades também. Por exemplo, como serão ocupados os espaços das salas de cinema? Ou o que fazer com as imensas arquibancadas das arenas esportivas? Ou com os shows do Lollapalooza e do Rock in Rio?

Faz sentido a existência de horários de pico, com milhões de pessoas aglomeradas em transportes públicos? Grandes cidades como São Paulo e Nova York ainda farão sentido, do jeito que as conhecemos? Como serão as novas escolas? Quarenta, cinquenta, sessenta pessoas numa sala de aula, isso faz sentido? Como isso vai ser trabalhado?

Não tenho respostas. Acho que ninguém tem, mas as coisas estão acontecendo, estão se reformulando. Se você está começando agora, não digo para esquecer o que já passou, mas tenha em mente que a expressão "um novo normal" fará muito sentido em sua vida.

Tem uma frase atribuída ao naturalista inglês Charles Darwin que diz: "As espécies que sobrevivem não são as mais fortes nem as mais inteligentes, e sim aquelas que se adaptam melhor às mudanças". A frase conversa bem com a teoria da evolução de Darwin. E cai como uma luva na história da espécie humana, em particular no capítulo de sua evolução econômica e comercial. O grande segredo da vida está em saber se adaptar. É um segredo que a natureza, como sempre sábia, oferece a quem se dispõe a olhar como caminha a humanidade.

POR FIM, MAS NÃO MENOS IMPORTANTE: SIGA EM FRENTE

Não tenho arrependimento de nada do que eu fiz – talvez, de coisas que deixei de fazer, eu me arrependa. Não é arrogância. Eu errei, acertei, forcei a máquina o máximo que pude e consegui muito, sempre querendo saber o quanto ela e o cérebro aguentavam. O cérebro puxa você, põe as ideias lá na frente, e o corpo às vezes vai se arrastando, dando o máximo até as coisas acontecerem. Fiz loucuras, ousei, experimentei o máximo que pude, sempre determinado e com muita disciplina.

O acidente da queda foi bem complicado. Eu chorei por mim, pela minha situação, apenas duas vezes. Chorei com a Débora, minha esposa, no quarto da minha casa, de portas fechadas. Chorei copiosamente. E falei também com uma tia minha, tia Cristina, muito querida e amiga, e perguntei a ela uma única vez: por que comigo? Perguntei, porque ela é minha madrinha do coração, e eu precisava daquele aconchego naquele momento. Depois disso, nunca mais perguntei "por que comigo?". É assim que as coisas marcham, é assim que as coisas fluem.

Este livro, como você viu, não é sobre o acidente, mas sem dúvida ele teve muita relevância na minha história, na própria forma de narrá-la aqui. As pessoas sempre me perguntam, querem saber o que tenho para dizer e ficam muito impressionadas de ver o cara que fundou a Azul dando palestras, criando novos mundos, novos negócios, escrevendo livros como este.

São as coisas que faço o meu combustível.

Se puder resumir o sentido maior destas páginas, as quais recomendo a você, diria: não desista nunca dos seus sonhos. Nunca! Você pode mudar de sonho, você pode mudar de rumo, pode apanhar (tomar porrada), pode quebrar a cara, mas não pode nunca desistir. Nunca.

Não desista da vida, não desista de viver o máximo que conseguir.

Depois da leitura deste livro, se você se sentir confiante e for necessário, não tenha medo, comece de novo, como eu mesmo venho fazendo. Comece se perguntando quem é você agora, onde está, para onde está indo, o que quer fazer da sua vida.

Você vai encontrar diferentes respostas, em diferentes momentos da vida.

Pergunte sempre; não desista nunca – sua missão é continuar e ser feliz, com todas as limitações que encontrar.

Este livro foi impresso pela gráfica Rettec
em papel Pólen Bold 70 g em fevereiro de 2021.